THREAD

만드는 사람

CEO 이연대 **특징** 메타세쿼이아 나무지만 출근 시엔 씨앗으로 몸을 숨김	**Director 신아람** **특징** 위급할 때 직각표기에서 빛이 남
Senior Editor 이현구 **특징** 집과 헬스장과 회사를 잇는 땅굴 보유 중	**Editor 이다혜** **특징** 어마! 라고 외치면 반경 1km까지 들림
Editor 김혜림 **특징** 고민할 때 수염을 쓰다듬지만 수염이 없음	**Editor 정원진** **특징** 수년 전 귀로 날 수 있는 방법을 터득했지만 비밀을 숨기고 있음
Lead Designer 김지연 **특징** 백화점 화장실을 좋아함 _ 표지 디자인 및 만화	**Designer 권순문** **특징** 술을 마시면 끝까지 가는 타입 (주량 : 와인 한 잔) _ 내지 디자인
Operating Mgr 조영난 **특징** 늘 먹고 있지만 늘 배고파함	**Community Mgr 홍성주** **특징** 가시로 오해 받지만 사실은 털
Community Mgr 강경민 **특징** 두려운 상황에서 쑥 숨어버림 나설 땐 앞장서서 나섬	**Intern 이주연** **특징** 절벽 위보다 빌딩 옥상을 좋아한다

 THREAD ISSUE 7. WISH

발행일 2022년 12월 1일
등록번호 서울중, 라00778
발행처 ㈜스리체어스
주소 서울시 중구 한강대로 416 13층
홈페이지 www.bookjournalism.com
전화 02 396 6266
이메일 thread@bookjournalism.com

THREAD

목차

2022년의 마지막 달, 12월입니다. 《스레드》를 찾아주신 여러분 환영합니다. 이번 호에는 어떤 이야기들이 우리를 기다리고 있을까요?

↳ bkjn.shop 오픈을 맞아 숍을 그렸어요~! 연말연시 분위기를 내려고 해봤는데 어떠신가요? 여러분의 연말도 우리처럼 따듯하고 재밌는 사건이 가득했으면 좋겠어요.

그럼에도, 바라는 마음 _ 13p
올해는 여러분에게 어떤 한 해였나요? 저에게는 《스레드》가 탄생한 해로 기억될 것 같습니다. 일곱 달에 걸쳐 종이 뉴스 잡지라는 형태로 독자 여러분과 만났는데요, 2023년에도 변함없이 잘 부탁드립니다. 이달의 이야기에서는 2022년에 시작된 것, 그리고 끝난 것에 관해 돌아봤습니다. 하지만 희망을 이야기하기엔 너무 어두운 뉴스뿐이더군요. 이쯤 되니 연말연시를 핑계 삼아 희망에 관해 이야기한다는 것은 좀 사치스러운 일 아닐까 싶기도 합니다. 그럼에도 우리가 무언가를 간절히 바라야 하는 이유가 있습니다. 우리의 바람은 생각보다 힘이 세거든요. 새해를 기다리는 여러분의 바람은 무엇인가요?

 ↳ 여러분의 2022년 WISH는 무엇이었나요?
 ↳ 2022년을 시작할 때 머리를 기르고 싶다는 작은 소망을 가졌는데요, 잘 기르고 있다는 소식!

'포캐스트' 챕터에선 쇼트폼 여섯 편을 만날 수 있어요. 바쁜 독자들을 위해 이달에 꼭 알아야 할 이슈만 선별했어요. 단순한 사실 전달을 넘어 새로운 관점과 해석을 제시합니다. 쇼트폼엔 어떤 주제가 실렸을까요? 순서대로 소개해 드릴게요.

월스트리트 Z세대의 불안 _ 24p

합격률 1.5퍼센트. 전 세계 엘리트 23만 6000명의 경쟁을 뚫어 낸 골드만삭스 인턴의 라이프스타일, 상상해 본 적 있으신가요? 번아웃이니 조용한 퇴직이니 일반적인 세대론 문법을 비껴가는 듯한 젊은 금융 엘리트들은 어떤 생각을 가지고 있을까요? 골드만삭스는 매해 인턴십 참여자를 대상으로 설문 조사를 진행하고 있는데요, 올해 조사에서는 이상한 점이 있습니다. 젊은 인턴들에게서 'N포 세대'의 분위기가 읽히고 있기 때문인데요, 도대체 무슨 일일까요? 왜 이들은 결혼과 육아, 집을 포기하고 있을까요? 몸값 거품의 인재 시장에 불어 닥친 공포를 파헤쳐 봅니다.

 ↳ 월가의 인턴들도 N포 세대라니요!

 ↳ 거시 경제가 좋은 상황이 아닌데 매일 숫자를 만지는 직업이라 그런 걸까요?

그린워싱 대잔치 _ 32p

'그린'을 외칠 수 있는 자, 누구일까요. 11월에 각국 정상이 이집트로 모였습니다. 기후 변화 대응 방안을 논하기 위해서요. 유엔기후변화협약 당사국총회는 벌써 27번째입니다. 그런데 교토의정서, 파리협정, 그리고

5

글래스고 기후합의까지 그간 COP에서 나온 약속, 지켜진 적이 있나요? 시작 전부터 '그린워싱 대잔치'라는 평을 들었던 이유를 알 것 같기도 합니다. 또 이번 COP27는 후원사를 두고도 기후 활동가들의 반발이 심했다고요. COP27의 더 깊은 이야기 알아볼까요?

> 지구의 숨이 턱 끝까지 찼는데…. 이번에는 정말 줄일 수 있을까요?

> 게다가 이집트, 이런 저런 문제가 많은 국가라고 알려져 있잖아요.

우리에게 삼성전자란 _ 40p

누구에게는 우리나라 대표 기업, 누구에게는 '5만 전자', 누구에게는 비리 가득한 기업인 삼성전자. 우리가 가지고 있는 삼성전자에 대한 이미지는 모두 다르지만 국민의 10퍼센트가 삼성전자의 주주인 만큼, 삼성전자가 한국 경제와 밀접한 관련이 있는 건 부정할 수 없습니다. 이재용 회장 취임 이후, 메모리 반도체 불황을 맞은 삼성전자의 행보를 들여다봅니다.

> 아니! 우리나라 국민의 10퍼센트가 삼성전자의 주주라니요.

> 그만큼 삼전을 떼어놓고 우리나라의 경제를 다루기 어렵겠지요.

세상이 허락한 마약 _ 50p

최근 뉴스만 틀면 나오는 소식들이 있죠. 바로 마약 문제입니다. 한국은 이제 마약청정국이라는 수식어를 벗게 됐고, 미국은 마약과의

전쟁으로 더욱 심각해진 마약 사태를 맞고 있지요. 작년 한 해에만 약물 오남용으로 인해 10만 명의 미국 국민이 목숨을 잃었다고 해요. 왜 미국에서는 마약 문제가 이렇게까지 심각해졌을까요? 몇 가지 문제들이 얽혀 있어요. 90년대 병원을 휩쓴 오피오이드 진통제와 제약 회사의 대규모 로비, 의료 체계의 허점들이 엮여 지금을 빚어냈습니다. 마약이 시스템의 문제라면 한국의 미래는 과연 안전할까요?

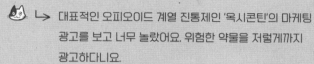 ↳ 대표적인 오피오이드 계열 진통제인 '옥시콘틴'의 마케팅 광고를 보고 너무 놀랐어요. 위험한 약물을 저렇게까지 광고하다니요.

↳ 한편으로 돈이 없는 이들은 병을 치료하기보다 통증을 완화하기를 택해요. 슬픈 현실이죠.

 다시, 감각으로 _58p

여러분은 노이즈 캔슬링 이어폰을 쓰시나요? 노이즈 캔슬링 이어폰을 쓰면 나를 둘러싼 세계 전부가 고요해진 것 같습니다. 그런데 한편으로 메타버스는 현실감 넘치는 소리를 구현하기 위해서 거액을 쏟아 붓고 있다고 해요. 언뜻 보면 되게 이상하지 않나요? 어디에서는 소리를 정제하는데, 어디에서는 실감나는 소리를 만드는 지금이 말이에요. 이 바탕에는 소리를 대하는 현대인의 감각이 변했다는 사실이 깔려 있습니다. 가상이 지배하는 시대의 감각은 어떤 역할을 하게 될까요?

↳ 요즘 지하철을 타면 이어폰을 끼지 않은 사람이 없는 것 같아요! 모두들 무얼 듣고 있는 걸까요?

↳ 화이트노이즈와 ASMR의 인기는 식을 줄 모르는데, 노이즈 캔슬링 이어폰도 유행하는 게 신기해요.

밀크 서바이벌 _ 66p

매일 아침 우유 한 잔! 그건 옛말일지도요. 우유 소비량이 줄고
있습니다. 코로나19 때문에 우유 급식이 줄었기 때문일까요?
우유를 마시는 어린이 인구가 줄고 있기 때문일까요?
그렇다기에 유업의 위기는 오래됐고 미국에서도 같은 현상이
일어나고 있다고 해요. 영국 Z세대에게 우유는 '부끄러운
선택'이 됐다는 조사도 나왔다고요. 하지만 산업의 위기는
새로운 성장의 기회기도 하죠. 하인즈의 '비건 뱀파이어'에서
힌트를 얻을 수 있을지도 모릅니다. 사람들이 전처럼 우유를
마시지 않는 진짜 이유, 알아볼까요?

> ↪ 최근 유업계의 시장 축소로 인해 '푸르밀'이 사업 종료를
> 선언했다 철회했죠.
> ↪ 우유에 대한 감각이 달라진 것도 한몫 했을 것 같아요.

이어지는 '톡스' 코너에서는 사물을 다르게 보고, 다르게
생각하고, 세상에 없던 것을 만들어 내는 사람들의 이야기를
담아요. 《스레드》 7호에서는 김형준 변리사를 만나봤어요.

창작자를 돕는 창작 _ 73p

인스타그램을 탐험하다 보면 눈에 띄는 재미있는 만화가
있어요. 바로 창작자에게 도움이 되는 법을 알려 주는 인스타툰
@blsn_02 계정이에요! 이 계정의 주인 김형준 변리사가
생각하는 멋있는 변리사는 대형 로펌에서 정장을 입고 일하는

모습이 아니었어요. 오히려 상품으로서 법을 바라보며 더 많은 이들이 법을 이용하고, 이해하길 바라는 친근한 모습이었죠. 김형준 변리사의 만화에도 이런 지향이 잘 드러난답니다. 창작은 가깝지만 법은 먼 시대, 김형준 변리사의 콘텐츠는 어떤 강점을 가지고 있을까요?

⟶ 콘텐츠를 만드는 사람은 많아졌는데 법은 너무 멀잖아요. 저도 blsn 툰을 보면 쉽고 재미있게 무언가를 만들어 낼 수 있을 것 같아요!

단편 소설 분량의 지식 콘텐츠 '롱리드' 코너도 있어요. 깊이 있는 정보 습득이 가능하고, 내러티브가 풍성해 읽는 재미가 있어요.

죽어서 돈을 더 많이 번 사람 _ 85p

여러분은 '아인슈타인' 하면 무엇이 떠오르나요? 천재 과학자? 상대성 이론? 혀를 내밀고 익살스러운 표정을 한 채로 찍힌 사진? 이 중 어떤 것이든 강렬하지 않은 것이 없습니다. 그만큼 그 이미지를 욕심내는 사람도 많죠. 그런데 아인슈타인의 얼굴은 물론이고 이름을 사용하는 것마저도 허락을 받아야 한다는 사실, 알고 계신가요? 아인슈타인 퍼블리시티권과 관련된 모든 것, 사이먼 파킨의 글을 통해 알아봅니다.

⟶ 심지어 우유도 있잖아요! 아인슈타인 우유!

⟶ 죽어서 돈을 더 많이 번 사람이라니 의미심장하네요. 미디어의 시대이기 때문에 가능해진 것 같기도 해요.

《스레드》 7호에서는 지금까지 소개해 드린 아홉 가지
이야기를 담았어요. 그럼 이제부터 《스레드》를 시작해
볼까요?

이달의 이야기

포캐스트

톡스

롱리드

이달의 이야기에선 한 가지 주제를 깊이 다뤄요.
단순한 사실 전달을 넘어 새로운 관점과 해석을 제시해요.
함께 읽고 생각을 나눠요.

그럼에도, 바라는 마음

시작과 끝이 교차하는 요즘, 희망을 이야기하기엔 너무 어두운 뉴스뿐입니다. 관계가 느슨해지고 미래는 흐릿해지는 지금, 우리는 어떤 2022년을 끝내야 하고 어떤 2023년을 시작해야 할까요? 스트리밍 시대의 뉴스 잡지, 《스레드》는 2022년의 마지막 한 권에 어떤 이야기를 담아야 할지 고민했습니다. 더 나은 미래의 실마리는 어쩌면 우리 손에 이미 쥐어져 있을지도 모릅니다. __ 신아람 에디터

안녕하세요. 북저널리즘 신아람 디렉터입니다.

　　항상 연말이 되면 참 멋쩍습니다. 뭔가 반짝거리고, 행복하고, 기원하고. 솔직히 말하자면 저는 개인적으로 그런 분위기에 익숙하지 않습니다. 즐거울 일이 있어야 즐거운 것이고, 행복할 일이 생겨야 행복할 터인데 단지 달력 위의 숫자 때문에 경건해지고, 벅차오르고, 심지어 소망하게 된다니, 저로서는 이해하기 힘든 부분이 있습니다.

　　하지만 분명 끝과 시작을 일부러 구분해 둔 까닭이 있겠죠. 달력의 마지막 장이 존재하는 이유가, 그리고 새 달력을 꺼내도록 한 이유가 있을 겁니다. 누군가 대단한 의도를 품지 않았다 하더라도 인류의 역사가 그런 전통을 만들었다면 그럴 법해서 그런 것일지도 모른다고 생각해 봅니다. 그래서 2022년의 마지막 《스레드》는 끝과 시작에 관한 이야기로 열어 보고자 합니다.

불길한 시그널, Z세대의 불안

올해 끝난 것은 비일상입니다. 코로나19는 끝나지 않았지만, 우리는 비일상을 끝냈습니다. 살가워야 할 동료가 낯설고, 내 방보다 익숙해야 할 캠퍼스가 낯선, 도무지 일상 같지 않은 일상을 억지로 되찾아왔죠. 그렇다고 특별히 나아진 것은 없었습니다. 오히려 팬데믹이 끝나자 현재 너머에 도사리고 있는 미래에 대해 불안함이 찾아왔습니다.

　　그 불안함의 근거는 고금리 및 인플레이션이라는, 우리가 30여 년 동안 잊고 있던 생경한 경제 환경입니다. 물론, 여기에 경기 침체까지 덤으로 얹혀있죠. 당장 우리나라에서도 '영끌족'이 가계 부채의 뇌관으로 떠올랐습니다. 미래를 약속해 줄 것이라고 믿었던 대출은, 이제 감당할 수 없는 크기의 이자 부담으로 되돌아오고 있습니다. 최근 채권 시장도 급속히 얼어붙으면서 건실했던 기업도

무너지는 것 아니냐는 불안감 또한 감돌고 있죠.

　　미국에서는 이 불길한 시그널을 20대, 그것도 1.5퍼센트를
뚫어낸 20대들이 빠르게 감지해 냈습니다. 세계에서 가장 영향력
있는 다국적 투자 은행, 골드만삭스의 인턴들입니다. 1.5퍼센트의
합격률을 뚫고 자신의 첫 번째 커리어를 쟁취하는 데에 성공한 이들은,
아마도 전 세계 '갓생' 순위 같은 것이 있다면 가장 상위 티어를
차지하고 있을 겁니다. 그럼에도 불구하고 그들이 그리는 미래에는
단단한 관계나 안정된 가정이 없습니다. 심지어 반려동물과 함께하는
미래조차 포기하고 있죠. 성공에 가장 가까운 20대의 미래조차 이토록
불안하다면, 우리들의 미래는 대체 어디를 향하고 있는 것일까요?
이현구 에디터의 포캐스트 〈월스트리트 Z세대의 불안〉이 새로운
일상과 함께 찾아온 불안의 실체에 관해 이야기합니다.

©사진: Annie Spratt

전쟁의 시대

반면 올해 시작된 것 중 하나가 바로 전쟁입니다. 사실, 러시아가
우크라이나를 처음 침공했을 때만 하더라도 이렇게 전쟁이 길어질
것이라고는 그 누구도 생각하지 못했습니다. 아니, 생각하고 싶지

않았던 것일지도 모릅니다. 그러나 지난겨울에 시작된 전쟁은 다시 새 겨울이 찾아온 지금까지도, 여전히 현재진행형입니다.

우리가 너무 오랫동안 잊고 있었는지도 모르겠습니다. 전쟁이 얼마나 위험하고 잔혹한 것인지 말입니다. 현장에서 벌어지고 있는 야만을 굳이 들출 필요도 없이, 전 세계는 시곗바늘을 거꾸로 돌리고 있습니다. 빈곤에 대한 공포 때문입니다. 식량이 부족해질 수 있다는 공포, 당장 난방을 못할지도 모른다는 공포가 전 세계를 사로잡았습니다. 러시아가 항구 하나를 봉쇄하고, 가스관 밸브를 하나 잠그면서 일어난 일입니다.

사실, 냉전 체제가 무너진 이후, 우리는 지금껏 전례 없는 풍요의 시대를 누려 왔죠. 국경을 초월해 경제성을 한껏 끌어올려 모든 것의 가격을 낮추던, '세계화'의 시대 말입니다. 그러나 그 풍요는 별로 정의롭지 않았습니다. 예를 들어볼까요? 영국에서 잡힌 새우가 태국으로 운반됩니다. 새우를 손질할 노동력은 태국이 훨씬 저렴하기 때문입니다. 그렇게 가공된 새우는 다시 영국으로 재수출됩니다. 이 과정에서 엄청난 양의 탄소가 발생하죠. 그 많은 새우를 왕복으로 운반하기 위해서는 막대한 양의 화석 연료가 소비되어야 하기 때문입니다. 또, 상대적으로 개발이 덜 된 곳에 가공 공장이 들어서면서 환경 오염이라는 피할 수 없는 리스크 역시 빈곤한 지역으로 집중됩니다.

탄소라는 대가

이렇게 무분별한 낭비에 기반한 풍요를, 북반구의 대부분은 마음껏 누렸습니다. 우리가 입는 옷, 매일 사용하는 스마트폰 등 소비하고 누리는 모든 것이 이렇게 비상식적인 비효율을 바탕으로 넉넉하게 생산되어 낮은 가격으로 공급되었습니다. 그리고 그 대가로 찾아온 것이 바로 기후 재난입니다. 가깝게는 올여름, 우리나라를 강타했던 태풍 힌남노와 집중 폭우 등을 들 수 있겠지요. 미국과 유럽, 중국 등도 올해 지독한 가뭄을 겪어야 했습니다.

　　홍수가 나면 물이 낮은 곳으로 향하듯, 재난도 낮은 곳부터 잠식하기 마련입니다. 우리나라에서는 반지하 가구가 물에 잠겼고, 미국과 유럽 등에서도 저소득 계층부터 물이 말랐죠. 전 세계적으로 봐도 마찬가지입니다. 올여름, 가장 참담한 재난을 겪은 것은 다름 아닌 파키스탄이었습니다. 홍수로 1700명 이상이 숨졌습니다. 인구의 15퍼센트에 달하는 3300만 명이 피해를 입었습니다. 성경에나 나오는 대홍수를 현실로 맞닥트린 파키스탄은, 1959년부터 현재까지 전 세계가 배출한 이산화탄소 가운데 단 0.4퍼센트에 책임이 있는 국가입니다. 기후 재난은 이렇게나 불공정합니다.

　　이 불공정을 어떻게든 되돌리고 기후 재난의 속도를 조금이라도 줄여 보겠다는 노력이 없었던 것은 아닙니다. 유럽연합은 2019년 12월 '그린딜' 정책을 발표한 바 있습니다. 1조 유로, 우리 돈으로는 약 1365조 원에 달하는 예산이 책정되었습니다. 그러나 '탈탄소'라는 이름의 약속은 우크라이나의 총성과 함께 멈추어 섰습니다. 이제 유럽 국가들은 석탄 사재기에 나서고 있습니다. 원자력 발전을 '그린'에 포함할 것인지를 두고 힘겨루기를 하던 2021년을 생각해 보면, 그야말로 비참할 정도의 퇴보입니다.

　　정원진 에디터의 포캐스트, 〈그린워싱 대잔치〉는 이제 더 이상 그린을 진심으로 외칠 수 없는 전 세계 정상들이 한자리에 모여 기후 위기를 논하는, 2022년 COP27(제27차 유엔기후변화협약 당사국총회)의 정체를 이야기합니다. 이번 COP27의 의장국인 이집트의 진짜 관심은 무엇이었을까요? 어쩌면 전쟁으로 공급이

끊긴 러시아산 천연가스의 대안을 이집트가 공급할 수 있다는 점을 홍보하는 것이었을지도 모릅니다. 또, 서방의 제재를 받고 있는 러시아의 주요 기업인들이 회의장에서 당당히 로비를 벌였다는 소식도 뒷맛이 씁쓸합니다. 전쟁이 거꾸로 돌린 시계를 다시 현재로 되감아 두기 위해서는 생각보다 더 많은 노력과 포기가 필요할지도 모르겠습니다.

©사진: Tobias Rademacher

바라는 마음

관계가 느슨해지고 미래는 흐릿해지는 지금, 우리는 어떤 2022년을 끝내야 하고 어떤 2023년을 시작해야 할까요? 희망을 이야기하기에는 망설임이 앞서는 지금, 그래서 2022년 마지막 《스레드》의 주제는 'WISH'입니다.

"I wish you love."

당신이 사랑하길 바란다니, 이 얼마나 낭만적인 소망인가요. 그러나 실은 몹시도 아프고 쓸쓸한 이야깁니다. 나는 결코 당신과 함께

할 수 없지만, 당신에게는 봄의 파랑새, 7월의 레모네이드, 따뜻한
쉴 곳이 깃들기를 바란다는, 그리고 그 무엇보다 당신이 사랑하길
바란다는 〈I wish you love〉의 노랫말은, 곱씹어 볼수록 아름답기보다는
좀 덧없지 않은가 싶습니다.

간절한 바람이란 그런 것입니다. 희망과는 달리 근거도 필요
없죠. 그저 선량하고 조금 순진한 마음이면 누구나 품을 수 있습니다.
하지만, 그래서 우리에겐 지금 바라는 마음이 더욱 필요한 것일지도
모릅니다. 힘들겠지만 더 나아지길 바라는 마음, 부조리하지만 정의를
향해 다시 나아갈 수 있기를 바라는 마음. 이 근거 없는 바람들이
모이면 행동이 되고, 그 행동은 다시 희망의 근거가 됩니다. 미국의
사회학자 에리카 체노웨스는 인구의 3.5퍼센트가 행동하면 사회적
변화가 가능하다는 연구 결과를 내놓은 바 있습니다.

2022년의 마지막 《스레드》는 그래서, 독자 여러분과 함께
더 오래 뉴스를 생각할 수 있기를 바랍니다. 그래서 우리가 더
선하고 아름다운 소망을 품을 수 있기를 바랍니다. 그리하여 우울한
뉴스에서도 더 나은 미래의 실마리를 찾아낼 수 있기를, 진심으로
바랍니다.

We wish you a merry Christmas and happy new year!

P.S.

2022년, 새롭게 시작된 것이 또 하나 있습니다. 바로 북저널리즘이
서울 중구 회현역 근처에 새로 여는 가게, bkjn.shop입니다. 견고하고
아름다우면서도 가치를 담아 만든 물건을 판매하는 가게입니다. 좋은
물건을 엄선하고, 물건을 만든 사람의 이야기를 전합니다. 언뜻 세련된
것처럼 보이지만, 실은 허술하고 쓸모가 마땅치 않은 물건이 너무 많은

세상입니다. 어쩌면 인류는 스스로 생산해 내는 것들에 잠겨 질식하는 중일지도 모르죠. 생태정치학을 주장해왔던 브뤼노 라투르는 "오늘날 결정적인 방향 전환은 생산의 확대가 아니라 거주할 수 있는 지구 환경의 유지를 우선시하는 것"이라는 말을 남겼습니다. 이 우선순위에 꼭 맞는 물건들을 세심하게 골라 소개해 드립니다.

또, bkjn.shop은 스마트폰이 삼켜버린 관계와 경험을 현실 공간에서 다시 구현해 내는 프로젝트이기도 합니다. 각종 전시와 워크숍, 북토크 등의 활동이 벌어지게 될 회현역 주변은 나이를 먹어 낡아 버린 곳입니다. 그러나 공간이란 무릇 나이를 먹을수록 다양한 이야깃거리를 품어 안게 되는 법이죠. 스토리가 있는 공간에서 벌어질 다양한 소통과 부딪침, 감도 높은 교류에 독자 여러분을 초대합니다. ⓣ

©사진: Wout Vanacker

포캐스트에선 현재를 통찰하고 미래를 전망해요.
이달에 알아야 할 비즈니스, 라이프스타일, 글로벌 이슈 일곱 개를 골랐어요.
3분이면 이슈의 맥락을 알 수 있어요.

골드만삭스(Goldman Sachs)의 '2022 인턴 서베이'에서 'N포 세대'의
정서가 읽힌다. 1년 사이 결혼, 육아, 반려동물의 부모 되기에 대한
기대치가 절반씩 줄었다. 전 세계 젊은 금융 엘리트들의 불안은 고용
시장의 아이러니를 보여 준다. __ 이현구 에디터

DEFINITION 골드만삭스

세계에서 가장 영향력 있는 다국적 투자 은행이다. 설립한 지 150년이 넘었고 24개국에 지사를 두고 있으며 4만 명의 직원을 보유하고 있다. 이익을 위해 탈법을 일삼는 등 잇따른 도덕성 논란과 높은 업무 강도로 월가에서 가장 악명 높은 집단이다. 2021년 3월 1년 차 미만의 애널리스트들이 진행한 자체 설문 조사에 따르면, 동료들의 주당 평균 근로 시간은 95시간이며 입사 후 신체적, 정신적 건강이 크게 훼손됐다. '학대'로 표현된 이 같은 업무 강도에도 이번 2022년 여름 인턴십의 지원자는 2021년 대비 16퍼센트 증가해 전 세계 23만 6000명이었다. 대부분 갓 졸업한 대학생이다. 미주 지역에만 7만 9000명이 몰렸다. 합격률 1.5퍼센트의 인턴십을 뚫어 낸 이들은 일견 세대론을 비껴가는 '다 가진 자'로 보인다.

ⓒ사진: Jeremy Beadle

 음모론의 단골 손님이기도 하지

KEYPLAYER 세대론 밖의 Z세대

세대론은 쉽다. 그래서 깊은 이해를 어렵게 한다. 어떤 현상을 세대론의
틀에 끼우면 많은 변수가 납작해진다. 장기화된 우크라이나 전쟁이
어느덧 상수가 되면서 기후 위기도 잊히고 지금 시대의 화두는 경제
위기와 인플레이션이다. 이 키워드 앞에서 밀레니얼은 고물가, 부동산
가격 상승, 성장 둔화 등으로 역사상 가장 불행한 세대로 읽히고
있다. 경쟁 과열로 인한 번아웃과 대퇴사(Great Resignation), 조용한
퇴직(Quiet Quitting)은 일터의 MZ세대를 관통하는 일상적 문법이
됐다. 지금 화제가 되는 한 설문 조사 결과는 세대론 밖의 Z세대를
조명하고 있다.

REFERENCE 라이프스타일

골드만삭스는 2017년부터 매년 자사의 여름 인턴십 참가자를 대상으로
설문 조사를 진행해 왔다. 지표는 매년 조금씩 다르지만 라이프스타일
전반에 걸쳐 다양하다. 2470명 이상이 응답한 2022년 여름 인턴
설문 조사에서는 생활 패턴, 소비 습관, 투자 포트폴리오, 소셜
미디어 사용 습관, 선호하는 협업툴, 이직 시 고려 요소, 예상 정년,
삶 전반에 대한 가치관, 정신 건강 유지법, 미래 전망, 여가 활동 등이
인포그래픽에 담겼다. 구체적인 만큼 읽어낼 수 있는 것도 많다. 이들의
라이프스타일에서 마치 N포 세대의 일면을 보는 듯한 새로운 변화가
포착된다. 이들은 무엇을 겁내고 있나?

39퍼센트가 앞으로 10년 내 가장 큰
영향을 미치는 건 '기후 변화'라고 답했어

그래프에서 눈여겨볼 것은 향후 10년 내 결혼, 반려동물, 육아에 대한 기대인데 전년 대비 절반씩 수치가 줄었다. 전통적 관계에 대한 믿음이 1년 새 흔들리기 시작했다. '안정된 관계'의 기준에 까다로워진 모습은 같은 조사의 다른 지표로도 나타난다. 정신 건강을 챙기기 위한 필수적인 요소를 묻는 질문에 '가족과 친구와의 관계'가 45퍼센트로 가장 많았지만, 정작 이에 준하는 중요한 인간관계를 만든다면 지인 소개(31퍼센트)나 앱(6퍼센트)를 통하지 않고 직접 맺기(52퍼센트)를 희망했다. 집이나 정착에 대한 생각도 달라졌다. 2021년도 조사에서 자가(自家)의 구매를 희망한다는 응답은 83퍼센트였지만 2022년도 조사에선 57퍼센트가 "성공이 곧 어디든 이전할 수 있는 자유"라는 답을 냈다. 자가 구매 등 정착을 원하는 응답은 43퍼센트로 줄었다.

• 향후 10년 이내 결혼을 하거나 안정된 연애 관계를 가질 것이라 기대하는 사람은 2021년에 88퍼센트였으나 45퍼센트로 줄었다.

• 반려동물의 부모가 되기를 기대하는 사람은 2021년에 60퍼센트였으나 31퍼센트로 줄었다.

• 육아를 할 것으로 기대하는 사람은 2021년에 57퍼센트였으나 25퍼센트로 줄었다.

STRATEGY 시추에이션십

인생의 다른 목표에 집중하기 위해 안정적이고 정착된 관계를 탈피하려는 모습은 '시추에이션십(situationship)'이라는 트렌드로 나타난 바 있다. 팬데믹 이후 틱톡이나 트위터 등 소셜 미디어를 뜨겁게 달구는 키워드다. 미국 툴레인대학교의 리사 웨이드 사회학 부교수가 2020~2021년 150명의 학부생을 인터뷰한 것에 따르면 Z세대는 관계 정립이나 관계에 대한 과몰입을 경계하고 있다. 미국 미시간대학교의 엘리자베스 암스트롱 사회학 교수 역시 Z세대가 회색 지대를 즐기는 것을 '전통적 관계 발전'에 대한 저항이라 설명한다. 다만 이는 골드만삭스 인턴들의 1년 새 변화를 설명할 수 있는 단어는 아니다.

RECIPE 침체의 공포

핵심 중 하나는 경기 침체에 대한 두려움으로 보인다. 골드만삭스 인턴 조사에서 무려 86퍼센트가 경기 침체가 오고 있다고 믿었다. 2021년, 코로나19의 치명률이 낮아지고 대대적 리오프닝이 이뤄지며 낙관적 미래 전망이 가능했지만 전쟁과 인플레이션이 이 가능성을 무너뜨린 것이다. 두려움은 취준생 전반에 퍼져 있다. 대학생을 위한 미국 구직 플랫폼인 핸드셰이크(Handshake)의 최고 교육 전략 책임자 크리스틴 크루즈버가라는 "학부생들이 경제 위기에 대한 신호를 반복적으로 접하며 인생의 중장기 계획을 수립하는데 차질을 빚고 있다"고 설명한다. 핸드셰이크의 〈2023 졸업생 보고서〉에 따르면 졸업과 취업을 앞둔 학생들의 기업 선호 요인도 보수화됐다. 인플레이션과 경기 침체에 대한 우려로, 응답자의 74퍼센트가 기업의 브랜드나 성장 가능성보다 안정성과 급여를 골랐다. 경기 침체는 정말로 오는 걸까?

그래도 학생 대부분은 장기 전망에 대해선 희망적이었대

RISK 칼바람

미국 노동부가 지난 10월 7일 발표한 미국의 고용 지표는 강력했다. 비농업 고용에서 26만 3000명이 증가했으며, 실업률은 3.5퍼센트 감소했다. 이는 미국 연방준비제도(Fed·연준)가 다시 고강도 긴축을 할 수 있는 여지로 작용했다. 다만 이러한 고용 지표는 Z세대 인재의 취업 선호도가 높은 투자 은행(IB)에서는 정반대로 나타나고 있다. 《월스트리트저널》에 따르면 골드만삭스는 최근 실적 부진으로 인해 주력 사업인 투자 은행과 트레이딩을 하나의 단위로 통합하는 등 대대적 구조조정에 나섰다. 골드만삭스 역대 가장 큰 조직 개편이다. 지난 2분기 순이익이 전년 동기 대비 48퍼센트 감소한 게 주효했다. 지난 9월에는 수백 명을 감원한다고 발표한 바 있다. 미국의 컨설팅 업체 존슨어소시에이츠는 "올해 월가의 일부 기업들이 전체 인원의 5~10퍼센트를 정리해고할 것"이라고 예측하기도 했다. 월가에 몰린 젊은 인재들에게는 두려운 소식이다.

EFFECT 테크, 너마저

애널리스트들이 경력을 쌓고 흔히 이직하는 테크 기업의 상황도 여의치 않다. 빅테크에도 감원 칼바람이 부는 중이다. '스냅 쇼크'부터 예견된 기술주 약세 때문이다.

• 메타(Meta)는 2004년 창사 이래 처음으로 감원에 들어갔다. 11월 9일 전체 직원의 13퍼센트인 1만 1000명을 해고한다고 밝혔다.

• 마이크로소프트는 전체 직원의 1퍼센트를 감원하고 신규 채용을

축소한다고 밝혔다. 가장 먼저 1000명 미만의 직원이 해고될 것으로
보인다.

• 아마존은 신규 채용을 멈추고 약 1만 명을 해고한다고 밝혔다. 역대
최대 규모다.

• 인텔 역시 2016년 이후 수천 명을 감원한다. 판매·마케팅 부문을
중심으로 20퍼센트 가량이 감원될 예정이다.

©사진: Hakan Nural

INSIGHT 인재 경쟁의 늪

사실 월가는 인재 경쟁에서 빅테크나 스타트업에 꾸준히 밀려 왔다.
2021년만 해도 모건스탠리나 JP모건 등 월가의 유명 글로벌 투자
은행들이 인력난에 시달렸고, 골드만삭스도 1년 차 애널리스트의
연봉을 30퍼센트 인상하는 등 강수를 뒀다. 월가의 살인적인 근무
환경에 비해 빅테크나 스타트업은 업무 자율도가 비교적 높고
대우도 좋았기에 많은 인력이 실리콘밸리로 떠났다. 다만 이 흐름은
인플레이션으로 또 한 번 뒤집혔다. 전 세계 중앙은행들의 앞다툰
긴축으로 투자 심리가 얼어붙은 탓에 기술주나 성장주의 매력이

감소했기 때문이다. 월가는 기회를 놓치지 않았다. 올해 초 월가의 최상위권 투자 은행들은 인턴 보수를 전년 대비 37.2퍼센트 인상하며 인재 잡기에 나섰다. 골드만삭스의 인턴 지원자 수가 높았던 이유다. 자기 자본 투자사인 제인 스트리트는 인턴 연봉으로 20만 달러(2억 4600만 원)를 제시하기도 했다. 그러나 치솟던 인턴 몸값의 거품은 꺼질 조짐을 보이고 있다. 글로벌 회계 법인인 KPMG의 최근 조사에 따르면 미국 내 CEO의 51퍼센트가 앞으로 6개월 내 감원을 검토하고 있다. 미국의 고용 지표가 호조를 보이고 실업 수당 청구가 감소했지만 역설적으로 인재들이 향할 곳은 사라지고 있다.

FORESIGHT HRM

애널리스트 이탈 심화의 배경이던 테크 기업이 허리띠를 졸라매며 연봉 인플레이션은 가라앉을 가능성이 크다. IB 직군은 아니지만 기존 IT 인력 역시 빅테크가 채용 규모를 줄인 탓에 일반 기업으로 다소 이동하고 있다. 미국 의류 브랜드인 칼하트의 카트리나 아구스티 최고정보책임자(CIO)는 "올 3월만 해도 IT 인력 찾기가 어려웠으나 5월부터 분위기가 달라졌다"고 평한다. 다만 젊은 인재들이 눈높이를 낮추면 일터에 헌신할 동기 역시 작아진다. 경기가 회복될 조짐을 보이면 언제든 다시 자본 시장이나 테크 기업으로 이탈할 가능성도 상존한다. 고급 인력 시장에서의 최대 화두는 결국 휴먼 리소스 관리(HRM)가 될 것으로 보인다. ⓣ

  더 많은 이야기는 북저널리즘 라디오에서 만나요!

시작 전부터 그린워싱 쇼라고 평가 받던 COP27이 끝났다. '손실과 피해'를 정식 의제로 삼고 기금 조성에 대한 합의를 이루며 '기념비적 합의'라는 평이 나온다. COP27은 그린워싱일까 기념비적 합의일까?
__ 정원진 에디터

지상 최대 그린워싱 쇼가 열렸다. 그 이름은 제27차 유엔기후변화협약 당사국총회(COP27), 무대는 이집트, 출연진은 각국의 정상이다.

• 1992년 197개국이 모여 '온실가스를 줄이자'는 내용이 담긴 기후변화협약을 체결했다. COP는 당사국이 모여 구체적인 이행 방안을 논의하는 자리다. 1995년 독일 베를린에서 첫 총회를 시작해, 코로나19 팬데믹으로 개최가 연기된 2020년을 제외하고 매년 열리고 있다. 참석 여부는 기후 변화 대응에 대한 각국의 의지를 확인할 수 있는 지표기도 하다.

• COP27은 현지시간 11월 6일부터 20일까지 이집트의 휴양 도시 샤름 엘 셰이크에서 진행됐다. 미국, 프랑스, 독일, 영국, 브라질의 정상이 참석했다. 우리나라에선 한화진 환경부 장관이 이끄는 정부 대표단과 함께 나경원 기후환경 대사가 대통령 특사로 참석했다. 환경 운동가 그레타 툰베리는 "이제 COP는 세계적인 그린워싱 축제일 뿐"이라며 불참을 선언했다. 일부 인권·기후 운동가도 불참 의사를 밝혔다. 80여 개국의 정상이 참여하는 글로벌 총회는 어쩌다 그린워싱이 됐을까.

BACKGROUND 지연된 약속

COP는 전 세계가 모여 기후변화 대응을 약속할 수 있는 유일한 공식 회의다. 합의한 내용은 폐막일에 공동 성명으로 발표된다. 역대 기후 변화 대응 관련 굵직한 약속들이 COP에서 나왔고, 대부분의 약속이 지켜지지 않았다.

• 교토의정서 ; 1997년 일본 교토에서 열린 제3차 COP의 결과물이다. 주요 선진국들의 온실가스 감축을 목표로 했다. 온실가스 배출권 거래제를 도입해 온실가스를 감축하면 경제적 이익을 얻을 수 있도록 했으며, 이는 세계적으로 온실가스 감축 기술 개발을 가속화하는 계기가 됐다. 탈퇴를 방지할 대책이 없고, 당시 개발 도상국이던 중국과 인도가 포함되지 않았다는 한계가 있다. 이후 미국, 러시아, 일본 등이 경제적 이유로 탈퇴하며 사실상 무력화됐다.

• 파리협정 ; 2015년 프랑스 파리에서 열린 제21차 COP의 결과물이다. 교토의정서의 빈자리를 채울 새로운 협정으로 채택됐다. 지구의 평균 기온 상승폭을 산업화 이전 대비 1.5도 이하로 제한하는 내용을 골자로 한다. 선진국만 해당되던 교토의정서와 달리 당사국 모두를 대상으로 한다는 점에서 의미가 있다. 하지만 2021년 8월 발표된 제6차 IPCC 보고서에 따르면, 지금의 노력으로 '1.5도의 목표'를 달성하기엔 역부족이다.

• 글래스고 기후합의 ; 2021년 영국 글래스고에서 열린 제26차 COP의 결과물이다. 석탄 사용 종식을 두고 각국의 입장이 첨예하게 갈리면서 폐막일을 하루 넘겨 채택됐다. 결국 석탄 사용 종식에 관한 내용은 포함되지 않아 파리협정의 동어 반복에 불과하다.

ⓒ사진: Korbinian

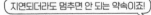 지연되더라도 멈추면 안 되는 약속이죠!

• 오랜 시간에 걸쳐 전 세계의 약속은 지연돼왔다. COP27은 아프리카 지역에서 개최되는 5번째 총회다. 기후 변화에 취약한 아프리카 지역에 관심을 환기할 수 있다는 기대감을 모은 한편, 의장국 이집트가 논란이 됐다. 이집트의 인권 문제를 친환경으로 덮는 그린워싱이라는 것이었다.

• 압델 파타 엘시시 대통령은 쿠데타로 대통령직에 오른 인물로 10년째 집권 중이다. 권위주의 정부 아래 공공장소에서 시위가 금지되고 있으며 많은 언론인, 인권 운동가가 탄압받고 있다. 기후 운동가도 예외는 아니다. 국제인권감시기구(Human Right Watch)에 따르면 현재 이집트에 수감 중인 정치범은 6만 명에 이른다.

• 개최 장소에서도 시위에 대한 반감이 드러났다. 샤름 엘 셰이크는 도시에서 멀리 떨어진 휴양지로, 대규모 태양광 수소 발전기가 설치돼 있고 내부 시설은 재생 에너지로 운영된다. 하지만 내부엔 대규모 인원이 모일 수 있는 공간이 없다. 이 지역에 들어가기 위해선 광범위한 수색을 받아야 했다. 기후 활동가들의 시위는 회담 장소와 멀리 떨어진 사막의 '기후 위기 지정 구역'에서 이뤄졌다.

COP26 때는 10만 명 규모의 거리 행진이 있었죠

이집트가 이번 총회의 후원사로 코카콜라와 손을 잡은 점도 논란이
됐다. 2019년 코카콜라는 1년에 300만 톤의 플라스틱을 사용한다고
밝혔다. 플라스틱의 99퍼센트는 화석 연료로 생산된다. 제26차 COP
의장국 영국은 화석 연료 관련 기업을 후원사에서 제외하기도 했다.
코카콜라는 이번 후원 활동을 "2030년까지 탄소 배출량을 25퍼센트
감축하고 2050년까지 넷제로를 달성하기 위한 목표의 일환"이라고
설명했고, 이집트 당국은 이런 코카콜라의 계획을 믿는다고 밝혔다.

©사진: Nikola Spasenoski

ANALYSIS 손실과 피해

• 이옥수 저자는 《그린워싱 주의보》에서 데이터로 환경 문제를 보는
법을 설명한다. "사회학자 맥스 로저(Max Roser)가 설립한 글로벌
데이터랩(Global Change Data Lab)에선 다음과 같은 통계를 내놓았다.
1751년부터 2017년까지 누적된 온실가스 배출량을 살펴보면 북미와
EU의 기여분이 그중의 50퍼센트를 차지한다. 또 주목할 것은 중남미나
아프리카 소재 개발 도상국의 배출량이다. 이들 국가의 경우 누적

온실가스 배출 수준은 전 세계 배출의 6퍼센트에 불과하다."

• 숫자로 환산하면 피해와 책임은 명확해진다. COP27의 화두는 기후변화 취약국의 '손실과 피해(loss and damage)'였다. 손실과 피해는 유엔기후변화협약(UNFCCC)의 용어로, 인간 활동이 만들어낸 기후 변화로 인한 악영향을 말한다. COP27에선 최초로 손실과 피해가 정식 의제로 다뤄졌다. 폐막일 이틀 넘겨 채택된 '샤름엘셰이크 이행계획'에 기후변화 취약국 지원을 위한 기금 조성이 포함되며, 시작 전 그린워싱 쇼라고 평가 받던 COP27은 단숨에 '기념비적 합의'가 됐다.

CONFLICT 환경 운동

• COP27 시작 전 여러 환경 운동이 기사화됐다. 많은 환경 단체가 코카콜라 후원사 지정 반대 성명서에 참여하고, COP27 개막 하루 전엔 '그린피스'와 '멸종 저항(Extinction Rebellion·XR)'의 시위대가 암스테르담 스히폴 공항의 전용기 구역을 점거했다. 한 사람이 비행기로 이동하면 1킬로미터당 약 286그램의 탄소가 발생한다. 전세기로 이동할 경우 탄소 배출량은 10배가 된다. 각국 정상은 전세기를 타고 이집트로 향했다. 시위대는 전용기 바퀴 앞에 앉아 시위를 벌였고 전용기 몇 대의 이륙이 지연됐다.

• 이탈리아의 환경 단체 '울티마 제네라지오네'는 반 고흐 작품에 야채 수프를 끼얹고, 독일 환경 단체 '라스트 제너레이션'은 으깬 감자를 끼얹었다. 시위대는 작품 훼손을 막기 위해 예술 복원 전문가와 상의했으며 보호 유리가 있어 작품 손상은 없었다고

밝혔지만 시위 방식에 대한 비판 여론이 일었다.

©사진: freshidea

INSIGHT 지켜야 할 것

• 환경 운동은 이제 더는 구호에 머물러 있지 않는다. 그레타 툰베리는
"사람들이 실제로 의미 있는 행동에 나서도록 촉구하는 기회의 장으로
COP를 활용하지 않는 한 이 총회는 의미가 없다"고 밝혔다. 각국
정상이 모여 나누는 '공식적인' 논의나 말뿐인 약속으로 충분치 않다는
뜻이다.

• 영국의 환경단체 '저스트 스톱 오일'이 토마토 스프를 끼얹은 반
고흐 '해바라기'의 가치는 8420만 달러, 한화로 약 1200억 원이다.
현장에 있던 활동가들은 재물 손괴와 불법 침입 혐의로 체포됐다. 이번
시위의 메시지는 '명화를 보호하듯 지구를 보호해야 한다'는 것이었다.

> 명화를 지키듯 환경을 지켜라. 그런 메시지가 숨어 있었군요

• COP27에 대한 평은 그린워싱과 기념비적 합의를 오간다. 주요 선진국은 코펜하겐에서 열린 COP15부터 개발 도상국에 대한 금전적 지원을 약속해왔지만 이 약속은 COP26에서 미뤄졌다. COP27 최종합의문엔 기금 조성에 대한 약속만 있을 뿐, 금액과 조성 방안 등 구체적인 내용은 없다.

• 2022년 9월 덴마크가 기후 변화로 피해를 보는 개발 도상국에 1억 크로네, 한화로 약 187억 원을 지원하기로 약속했다. 선진국이 '손실과 피해'에 실질적 보상을 한 첫 사례다. 이 기금은 아프리카 서북부 사헬 등 기후 위기 취약국에 쓰일 계획이다. COP27에 대한 평가를 내리긴 이르다. 다만, COP27을 시작으로 기후변화 대응를 향한 '진심'을 입증하는 건 바로 이 숫자라는 것이 명확해졌다. COP27은 그린워싱 대잔치일까? 기념비적 합의일까? 그 또한 이 숫자에 달렸다. ⓣ

COP28은 내년에 아랍에미리트에서 열린다고 하니 관심 가지고 지켜봐야겠어요.

이재용 삼성전자 부회장이 지난 10월 27일 회장으로 취임했다. 경기 침체와 불황 속에서 삼성전자를 대표하는 포트폴리오는 모두 실적 부진 상태다. 삼성전자는 치킨 게임도 불사할 정도로 절치부심하지만 발목을 잡는 리스크가 너무 많다. __ 이현구 에디터

• 거시 환경이 요동친다. 특히 미국의 움직임이 크다. 한때는 글로벌 공급망을 주도했으나 주요 산업의 제조 공장을 리쇼어링(reshoring)하고 있다. 9월 13일 백악관 사우스론에서 열린 인플레이션 감축법(IRA) 통과 축하 행사에서 조 바이든 미국 대통령은 'Made in America'를 강조했다. 전임자 도널드 트럼프가 연상되는 대목이었다.

• '칩4'로 불리는 반도체 기술 동맹으로의 참여 압박은 심해지고 있다. 미국에서 칩을 생산하면 칩 연구 개발 지원 명목으로 보조금으로 500억 달러를 지원하고 세금을 공제하는 '칩스법(Chips Act)' 역시 발효되었다. 핵심 조항은 중국을 향한 반도체 제조 장비 판매를 막고 중국 원자재를 배제하는 것이다. 한국 반도체 기업의 고민은 깊어지고 있다.

• 미국 연방준비제도는 4회 연속 자이언트 스텝을 밟으며 기준 금리 4퍼센트 시대를 열었다. 기업은 경기 침체를 대비하고 있다. 고물가, 수요 둔화, 생산 감소, 경기 침체는 스태그플레이션의 신호다. 위기 앞에서 온 국민의 시선이 쏠리는 곳은 전 국민의 10퍼센트가 주주인 삼성전자다. 그리고 S의 파도 앞에서 파란 서핑 보드의 주인이 바뀌었다.

KEYPLAYER 이재용

10월 27일 삼성전자엔 두 가지 빅 뉴스가 있었다. 하나는 3분기 실적

발표고 하나는 이재용 삼성전자 부회장의 회장 승진 소식이다. 특히
후자의 여파는 컸다. 이사회는 이 회장 승진 의결에 대해 글로벌 대외
여건 악화 속 책임 경영 강화, 경영 안정성 제고, 신속하고 과감한 의사
결정의 필요성을 들었다. 2012년 부회장 승진으로부터 10년, 부친인
고 이건희 회장이 별세한 지 2년 만이다. 취임사는 없었다. 다만 사내
게시판에서 그는 다음과 같이 밝혔다. "지난 몇 년간 우리는 앞으로
나아가지 못했다.", "세상에 없는 기술에 투자해야 한다." 삼성전자가
당면한 도전과 과제를 암시하는 말이었다.

©사진: JTBC News 유튜브

MONEY 1조 5000억 원

개미들이 10월 한 달 매도한 삼성전자 주식이다. 시장은 솔직했다.
삼성전자는 지난 11월 1일 깜짝 '6만 전자'를 찍고 다시 5만의 늪에
빠졌다. 이 회장은 '5만 전자 탈출' 임무를 안고 있다. 2021년 말만
해도 8만 원을 넘었던 주가는 올해 지속 하락하며 지난 9월 30일에는
5만 1800원까지 주저앉아 박스권을 형성하고 있다. 삼성 주가가
잠시 호조를 보인 것에 일부 언론은 이 회장 승진을 이유로 대지만
정작 취임 이튿날인 28일 주가는 하락했다. 삼성전자는 3분기 어닝

쇼크를 기록했다. 매출은 전년 동기 대비 증가했으나 영업 이익이 무려 31.39퍼센트 줄었다. 2019년 4분기 이후 전년 동일 분기 대비 첫 역성장이다. 그나마 10월 7일 잠정 실적 발표로 충격파가 상쇄된 모양새다. 이 회장 발언을 상기하면 절치부심이 읽힌다.

ANALYSIS 포트폴리오

삼성전자의 강점은 든든한 포트폴리오였다. 이가 없으면 잇몸으로 물 수 있었다. 삼성전자의 사업은 크게 반도체, 디스플레이 등 부품 산업을 이르는 DS(Device Solution)와 스마트폰, 가전 등 완제품을 이르는 DX(Digital Experience)로 나뉘는데 각 사업 부문마다 수요·공급의 사이클이 달라 꾸준한 실적을 유지할 수 있었다. 스마트폰 사업 초창기인 2013~2014년엔 갤럭시가 삼성전자를 먹여 살렸고 시장이 성숙기에 접어들자 반도체 슈퍼 사이클이 왔다. 2019년 메모리 반도체 가격이 급락했을 때에도 갤럭시노트10이 최단기간 100만 대 판매를 돌파하며 삼성전자를 견인했다. 스마트폰-반도체-가전은 삼성의 세 별이었다. 3분기 실적을 뜯어 보면 부진한 분야는 메모리 반도체, 시스템LSI(팹리스), 생활 가전이었고, 강세를 보인 분야는 파운드리, 플래그십 스마트폰(MX), 디스플레이(SDC)였다. 수요 감소 앞에 삼성전자의 견고한 포트폴리오는 흔들리고 있다.

©사진: Mark Chan

고 이건희 회장 타계 후 '승어부'를 외친 이재용 회장은 파운드리, 바이오, 6G를 삼성의 미래 주요 먹거리로 낙점했다. 그 외에 IRA의 영향을 받는 삼성SDI의 배터리가 있다. 삼성전자로 좁히면 파운드리와 하만(Harman)의 전장 사업이 있다. 어떤 것도 쉽지 않다.

• 파운드리 ; 파운드리 업계 1위 TSMC는 3분기 매출액이 전년 동기 대비 47.9퍼센트 증가하며 삼성전자를 가뿐히 상회했다. 후발 주자 인텔은 자사 생산 제품을 파운드리 실적에 포함하며 2위 자리 탈환을 노린다.

• 전장 ; 전장 사업은 지난 10월 23일 자로 그룹 내 싱크탱크인 삼성글로벌리서치에서 전장 관련 팀을 신설했다는 보도가 있었지만 아직 가시적 성과는 없다.

미래 먹거리만 어려운 게 아니다. 3분기 수익성 감소의 핵심 원인은 DS 부문 중 메모리 반도체였다. 파운드리에 비해 전체 반도체 시장에서 차지하는 비율이 크지 않고, 성숙 단계에 접어들어 업황의 영향을 크게 받지만 삼성전자는 이 시장에서 세계 시장 점유율 1위다. 메모리는 삼성전자의 주력 상품인 만큼 삼성전자는 이 시장을 놓칠 수 없다.

전장은 자동차에 들어가는 전자 장비를 뜻해

RECIPE 메모리 불황

메모리 반도체는 데이터 저장용 부품이다. D램과 S램, 낸드플래시 등을

44

의미한다. 스마트폰, 컴퓨터, 스마트 TV, 그래픽 메모리, USB, SSD 등에 쓰인다. 코로나19로 반도체 수요가 크게 늘어 그에 맞춰 설비 투자와 증산이 이뤄졌지만 인플레이션과 경기 둔화 우려로 이들 제품 및 업계 수요가 줄었다. 이례적 공급 과잉 상황에 가격은 떨어졌다. D램의 고정 거래 가격은 지난 10월 전년 동기 대비 절반 수준으로 떨어졌고 낸드플래시 가격도 5개월 연속 가격이 하락하고 있다. 평균 판매 가격(ASP) 역시 20퍼센트 가량 감소했다. 반도체 재고는 역대 최고 수준이다. 삼성전자 전체의 3분기 재고는 57조 3000억 원 규모로 전분기 대비 5조 가량이 증가했는데 대부분은 메모리 사업 부문에서다. 영업 이익률 역시 하락 중이다. 업계 2위인 SK하이닉스는 3분기에만 전년 동기 대비 매출 6.9퍼센트, 영업 이익 60.3퍼센트가 감소했다.

©사진: Slejven Djurakovic

CONFLICT n차 치킨 게임

공급 과잉과 수익성 약화를 해결하려면 일차적으로 감산을 해야 한다. 원가 절감 폭 보다 가격 하락 폭이 크면 팔아도 수익이 나지 않기 때문이다. 메모리 업계는 각각 '투자 축소'와 '감산 계획'을 발표했다. SK하이닉스의 경우 내년 투자 규모를 올해 대비 50퍼센트 이상

줄이겠다고 했고 수익성이 낮은 제품을 중심으로 생산량을 줄이겠다고 밝혔다. 업계 3위인 미국 마이크론(Micron)과 뒤를 잇는 일본의 키오시아(Kioxia) 역시 비슷한 내용을 언급했다. 업계 1위 삼성전자는 잔인했다. "인위적 감산은 없다"고 밝혔다. 이미 기술력이 우수해 원가 절감 능력이 크니 저가 경쟁을 벌여도 삼성전자가 이기는 그림이 나온다. 업계는 '치킨 게임'을 우려하고 있다. 특히 인텔로부터 낸드 부문을 인수한 SK하이닉스가 직격탄을 맞을 수 있다.

REFERENCE 밥줄의 탄생 반도체 전쟁, 쉽게 알려드림!

삼성전자는 어떻게 메모리 1위로 올라설 수 있었을까? 메모리 반도체 업계 간 격돌의 역사는 길다. 춘추 전국 시대 속 출혈 경쟁을 통해 몇 차례 세력 구도 재편이 있었다.

• 1차 치킨 게임(1984) ; 인텔은 1971년 최초로 D램 개발에 성공했다. 미국은 인텔을 앞세워 반도체 시장에서 독점적 지위를 유지했다. 인텔의 시장 점유율은 82.9퍼센트였다. 오일 쇼크로 미국 반도체 업계가 투자를 축소한 틈을 타 일본의 NEC, 도시바, 히타치 등은 압도적인 수율을 앞세워 미국에 진출해 저가 경쟁을 벌였다. 당시 64K D램 가격은 3달러에서 0.3달러까지 떨어졌다. '제2의 진주만 공습'으로 표현된 이 사건은 미국 상무부가 일본 반도체 업계에 21.7~188퍼센트의 덤핑 마진을 확정하며 미국의 승리로 끝이 났다. 그때 체결된 것이 1986년의 '미일 반도체 협정'이다. 삼성전자는 그 틈을 타 1983년 메모리 반도체 시장에 뛰어들었다. 일본이 미국에 견제를 당하는 동안 가성비를 앞세워 성장했다. 이때 한국 기업 역시 반덤핑 제소를 당했으나 일본만큼 징벌적 수준은 아니었다.

• 2차 치킨 게임(2007) ; 글로벌 금융 위기가 있던 시기다. 한국이 휘청이던 틈을 타 대만의 반도체 기업들이 성장해 저가 경쟁을 걸어왔다. 512M D램 가격은 6.8달러에서 0.5달러 수준까지 떨어졌다. 삼성전자와 하이닉스 등은 오히려 생산 공장을 늘려 도전을 받았다. 그 결과 삼성전자는 14.3퍼센트, 하이닉스와 마이크론은 50퍼센트가량 영업 이익이 감소하는 타격을 입었다. 그러나 그 과정에서 독일의 키몬다는 파산했고 대만 기업은 고용량 D램 시장에서 철수했으며 일본 엘피다는 공적 자금을 투여해야 하는 상황까지 몰렸다. 2차 치킨 게임은 한국, 미국의 승리로 끝났다.

• 3차 치킨 게임(2010) ; 대만과 일본은 가만있지 않았다. 투자 증대와 증산으로 다시 한 번 공급량을 늘리며 싸움을 걸어왔다. 그 결과 엘피다는 파산했다. 대만 기업들은 고성능 제품군에서 삼성전자, 하이닉스, 마이크론의 3강 구도를 깰 수 없었다. 이 흐름은 지금까지 이어져 왔다. 이번에 치킨 게임이 다시 벌어진다면 삼성전자발(發) 4차 치킨 게임이 된다.

FORESIGHT 잔인한 계절

겨울은 왔다. 삼성도 잔인해질 것이다. 이 회장의 취임으로 삼성전자에 걸린 기대는 크지만 과거 삼성전자가 메모리 반도체 시장에 첫 진출을 알렸을 때 만큼의 혁신은 부재해 보인다. 주가가 이를 보여 주고 있다. 삼성 전체로 보면 신산업에 공격적 투자를 이어나가려고 해도 반도체, 배터리, 바이오 등 시설 투자(CAPEX)에 계속 돈을 써야 하는 실정이다. 올해 시설 투자 예상 금액은 54조 원이다. 전년 대비 12퍼센트나 늘렸고 대부분 4분기에 집중돼 있다. 북한의 계속된 도발로 지정학

리스크는 높아지고 미-중 기술 경쟁까지 심화하며 삼성의 리스크는
가중되고 있다. 활로는 모빌리티에 있다. 전기차로의 전환이 빨라지고
자율주행 기술이 도입되기 시작하며 차량 OS 경쟁이 가시화되고 있다.
'달리는 스마트폰'이 된 차량에서 전장과 소프트웨어, 이를 뒷받침할
반도체와 배터리는 우상향할 시장이다. 완성차는 없지만 삼성전자의
미래는 역설적으로 모빌리티에 있을 가능성이 크다.

INSIGHT 천수답

삼성의 위상은 독보적이지만 국민의 감정은 양가적이다. 이 회장 취임
당시 대부분의 언론은 '뉴 삼성'에 대한 기대감만을 전했다. 취임사
없이 겸허히 승진한 점과 더불어 그의 소탈한 행보를 조명하는 곳도
있었다. 이 회장은 취임 당일 오전 서울중앙지법에서 열린 삼성물산
합병·회계 부정 의혹 관련 재판에 출석했다. 박근혜 정부 뇌물 제공
혐의와 삼성물산 불법 합병 및 삼성바이오로직스 분식 회계 관련
비리는 어느덧 가려졌다. 참여연대는 이 회장이 미등기임원인 점을
꼬집으며 권한은 있으나 법적 책임을 지지 않는 위치에 올랐다고
꼬집는다. 이것이 '사법 리스크'인지 '오너 리스크'인지에 대한 판단은
개인의 몫이다. 무노조 경영을 이어온 삼성이 책임 경영과 투명성을
강화한다는 것의 진정성 역시 눈여겨볼 일이다. 확실한 것은 한국이
삼성이라는 단 하나의 거대 기업에 의존하는 천수답 상황을 벗어나지
못하면 이 양가감정은 계속된다는 점이다. 경기 침체 우려로 투자가 곧
도박인 시기에 삼성이 다져야 할 것은 어쩌면 내실일지도 모른다. ⊺

우리는 왜 삼성전자에 분노하면서도 응원할까?

©사진: Rubaitul Azad

  더 많은 이야기는 북저널리즘 라디오에서 만나요!

미국 거대 약국 기업들이 오피오이드 중독 사태와 관련해 138억 달러를 합의금으로 지급하기로 결정했다. 불법으로 규정된 마약이 문제가 아니다. 마약은 누구에게나 열려 있다. 자본과 정치, 합법과 불법 사이에 놓인 약물에서 중독의 시스템을 엿볼 수 있다.

__ 김혜림 에디터

현재 〈마약류 관리에 관한 법률〉의 분류에 따르면 마약류 약물은 마약, 향정신성 의약품, 대마, 총 세 가지로 나뉜다. 마약류 약물은 인간의 중추 신경계에 작용하며, 오용하거나 남용할 경우 인체에 심각한 위해가 있다고 인정되는 약물을 통칭한다.

• 마약 ; 마약에는 양귀비, 아편, 모르핀 등을 포함하는 천연 마약과 반합성 마약인 헤로인, 합성 마약인 펜타닐, 옥시코돈 등이 포함된다.

• 향정신성 의약품 ; 향정신성 의약품에는 환각제인 LSD, 필로폰이라는 이름으로 익숙한 메스암페타민, 수면제로 쓰이는 졸피뎀과 벤조디아제핀 류가 속한다.

• 대마 ; 대마초는 크게 헴프(Hemp)와 마리화나(Marijuana)로 나뉜다. 마리화나에는 환각 효과를 일으키는 THC가 다량 함유돼 있고, 헴프에는 향정신성 약물 특성이 낮은 CBD의 함량이 높다.

'마약(Drug)'은 그 자체로 불법이 아니다. 마약으로 분류된 약들도 의사의 허락과 처방, 연구 등의 근거가 있다면 누구든 처방받을 수 있다. 특히 심한 통증을 호소하는 환자에게는 진통제 명목의 약을 처방할 수 있다. 언제든, 누구나 이유만 있다면 마약을 사용할 수 있다는 얘기다.

©사진: wollertz

NUMBER 10만 7000명

2021년 미국에서는 약물 과다 복용으로 인해 10만 7000명이 사망했다. 5분에 한 명꼴로 사망하는 셈이다. 18세에서 45세 사이 미국 인구 중 '펜타닐'로 인해 사망한 사람은 코로나19, 자살, 자동차 사고로 인한 사망보다 많았다. 한국의 상황도 심각하다. 검찰청의 자료에 따르면 19세 이하 마약사범은 2019년 239명에서 2020년 313명으로 30.9퍼센트 늘었고, 2021년은 450명으로 43.7퍼센트 늘었다. 향정신성 식욕 억제제인 '디에타민'과 마약성 패치 펜타닐은 처방이 가능하며, 누구나 10분 만에 구할 수 있는 의약품이다.

RECIPE 진통

현재 처방받을 수 있는 대부분의 향정신성 의약품은 '오피오이드(Opioid)' 계열로 모르핀과 유사한 역할을 하는 진통, 진정 마약이다. 과학 저널리스트 사라 드위어트(Sarah DeWeerdt)가 지적한 오피오이드 위기의 근원은 다름 아닌 병원과 약국이었다. 1980년대와 1990년대, 오피오이드 계열 약물 처방이 폭발적으로 증가했다. 이 시기를 거친 2010년대는 '오피오이드 전염병(Opioid Epidemic)'의 시대로 불린다. 2015년 미국은 100년 만에 처음으로 기대 수명이 감소했고, 2017년 트럼프 당시 대통령은 공중 보건 비상사태를 선포했다. 말기 암 환자나 수술 직후의 환자들에게 처방되던 오피오이드 계열 진통제는 이른바 만병통치약이 됐다.

©사진: Leszek Czerwonka

MONEY 19조, 50조, 5조 원

마약은 어떻게 만병통치약이 됐을까? 현지시간 11월 1일, 월마트·CVS·월그린 등의 미국 거대 약국 기업들은 오피오이드 중독 사태와 관련해 총 138억 달러, 한화 19조 6000억 원을 합의금으로 지급하기로 했다. 당국이 현재의 오피오이드 대량 확산 사태의 책임을 약을 판매한 기업에게 물은 것이다. 이 확산 사태의 주인공은 '옥시콘틴(Oxycontin)'으로 불리는 약물이다. 1892년 미국에서 설립된 제약 회사 '퍼듀 파마(Purdue Pharma)'는 1952년 새클러 가문에 인수된 후 공격적인 제약 마케팅을 벌인다. 1996년 시판되기 시작한 옥시콘틴은 350억 달러, 우리 돈 50조 원의 수익을 올렸다. 그리고 오피오이드 사태의 중심이 된 퍼듀 파마는 2021년 5조 원의 파산 합의금을 냈고 2021년 9월 해산된다.

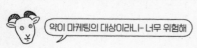

약이 마케팅의 대상이라니… 너무 위험해

미술계와 학계 자선 사업으로 널리 알려진 새클러 가문의 재산은 15조
원에 달했다. 새클러 가의 퍼듀 파마는 정치인과 의학계를 끌어들이기
위해 1조 원이 넘는 돈을 로비에 쏟아 부었다. 이는 당시 총기 관련
로비 자금의 8배에 달하는 규모였고, 오피오이드 처방을 막으려는
단체가 쓴 금액의 200배에 맞먹었다. 옥시콘틴을 처방하는 의사에게는
여행을 선물했고, 영업 사원에게는 처방 수량에 따라 막대한 보너스를
줬다. 중독성이 없다는 캐치프레이즈를 내세운 옥시콘틴의 마케팅
영상은 만성 통증으로 고생하는 관절염 환자의 인터뷰를 담았다.
돈과 접근성 등으로 인해 병을 '치료'할 수 없는 이들은 통증을
'완화'하길 원했다. 그들은 조용히 마약에 중독됐지만 의사의 권유와
공격적인 마케팅은 그 심각성조차 인식할 수 없게 했다. 더 많은 약을
원하지만 처방량을 늘릴 수 없는 이들은 불법 마약으로 눈을 돌렸다.
필라델피아의 켄싱턴 거리는 그렇게 '좀비 거리'가 되었다.

EFFECT 마약과의 전쟁

마약과의 전쟁을 선언한 리처드 닉슨 정부는 공공연했던 마약을
처벌과 감옥으로 저지하려 했다. 한편으로 전쟁 선포는 닉슨 정부의
정치적 계산의 결과기도 했다. 닉슨 정부 당시의 백악관 법률
고문이었던 존 에를리크만(John Ehrlichman)은 1968년 닉슨의 주적을
"반전 좌파와 흑인"이라고 표현했다. 마약을 범죄로 규정하는 행위는
주적을 효과적으로 제거하는, 일종의 합법적인 불법화였던 셈이다.
공공연하게 퍼져있던 마약이 범죄가 되자 감옥은 마약사범으로
가득했다. 출소한 이들은 금방 다시 마약에 손을 댔고, 제약 회사는

공격적인 오피오이드 마케팅을 펼쳤다. 사회적 맥락으로 인해 흑인과 히스패닉은 더 가혹하게, 더 자주 검거됐다. 불법화는 어떠한 문제도 해결하지 못했지만 합법의 테두리 안에서는 계속해서 중독자들이 쏟아져 나왔다.

ANALYSIS 의료 체계

합법과 불법 사이의 간극에는 미국의 가혹한 의료 체계가 있다. 2017년 마약성 진통제 남용으로 인해 사망한 사람 중 35.8퍼센트는 담당 의사에게 통증 관리를 위해 합법적으로 처방전을 받았던 환자들이었다. 미국의 건강 보험은 회사의 복리 후생 품목인 경우가 많다. 때문에 보험 혜택을 받는 이와 보험료를 납부하는 이가 분리됐고, 민간 보험사는 구매자를 설득하기보다 기업을 향한 마케팅과 판매량에 집중했다. 보험의 문제 뿐 아니라 공공 의료 시스템의 구축 이전에 설립된 영리 병원도 한 몫을 했다. 2020년 기준 의료 보험에 가입하지 못한 미국인은 전체 인구의 8.6퍼센트다. 2800만 명의 미국인이 보험 혜택 없는 치료비를 지불해야 한다. 관절염 치료 비용은 1만 2000달러부터 시작하지만 옥시콘틴은 1밀리그램당 1달러의 가격으로 구매할 수 있다. 10달러면 당장의 통증을 줄일 수 있다는 말이다. 1만 2000달러가 없지만 오늘 당장 일해야 하는 사람에게 옥시콘틴은 유일한 선택지이자 마지막 희망이다.

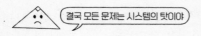
결국 모든 문제는 시스템의 탓이야

그렇다면 공공 의료 시스템이 익숙한 한국은 합법적인 마약으로부터 안전할까? 2010년대 이후 한국 의료계는 '필수 의료' 인력의 붕괴를 목도하고 있다. 내과, 외과, 산부인과, 소아청소년과의 의사는 점차 줄었고 안과, 피부과, 성형외과를 선택하는 의사는 점차 늘었다. 《의사들은 왜 그래?》의 김선영 저자는 필수 의료 전공의 품귀 현상의 원인으로 대형 병원의 팽창으로 인한 의사 과잉 공급과 비급여 진료 경향 강화를 짚는다. 과잉 경쟁 시대에서 의사들은 영양 수액, 피부 관리, 도수 치료 등의 비급여 진료로 도피했고 낮은 수가에 기반을 둔 시스템은 3분 안에 진단과 처방을 끝내야 하는 상황을 만들었다. 식약처는 비급여 항목인 마약 확산을 막고자 마약류 의료 쇼핑 방지 정보망을 시행하고 있지만 의무 사항은 아니다. 최근 5년간 마약성 진통제 처방 현황에 따르면 마약성 진통제 처방은 지속적인 증가 추세에 있다. 특히 펜타닐의 경우 2018년 89만 건에서 2020년 148만 건으로 67퍼센트 증가했다. 팽팽히 당겨진 끈은 작은 상처에도 쉽게 끊어진다. 합법적 테두리 속 마약 중독자는 누가 만들었는지 생각해볼 때다.

> 《의사들은 왜 그래?》는 전국 서점과 북저널리즘 홈페이지에서 만나볼 수 있어!

INSIGHT 약의 이유

2023학년도 대학수학능력시험을 앞두고 식약처는 '공부 잘하는 약'으로 광고되는 약물 297건을 적발했다. 수험생들 사이에서 '페니드'로 불리는 '메틸페니데이트'는 주의력결핍과잉행동장애(ADHD)의 치료에 쓰인다. 집중력과 수면의 질을 높이지만 심혈관 질환의 위험성을 높이고 시력 장애 및 시야

혼탁이 발생할 수 있다. 심한 경우 환각과 망상성 사고도 나타난다. 식욕 억제제인 이른바 '나비약'은 10대 청소년 사이에서 유행이다. 불안한 이들은 마약의 첫 번째 타깃이 된다. 합법과 불법의 경계는 자본과 상황, 주체에 따라 언제든 달라진다. 인식과 문화, 접근의 신중함이 그 유동성을 떠받치지만 공통의 인식마저도 흩어지고 있다. 전 세계가 오락용 대마 합법화에 눈길을 돌린다. 산업을 부흥하고, 일자리를 창출하고, 관광 산업을 활성화하고, 세수를 늘리기 위함이다. 국가가 허용하고, 의사가 처방했다는 믿음에 제동 장치가 없다면 옥시콘틴의 유령은 계속해서 우리 주위를 맴돌 것이다. Ⓣ

(더 많은 이야기는 북저널리즘 라디오에서 만나요!)

전 세계가 소리와 음향 시장에 주목한다. 전기차는 듣기 좋은 주행
소음을 만드는 한편, 노이즈 캔슬링 기술은 대중화됐다. 현실의 감각이
가상으로 이동하는 시대, 음향 시장의 성장은 무엇을 말하는가?
__ 김혜림 에디터

소리는 인간의 감각이다. 맛이 브랜딩의 전략이 되고, 보는 것이 콘텐츠 유통에 뉴노멀을 제시한 것처럼 소리도 시장의 전략으로 편입했다. 먹는 것은 인간 역사에서 언제나 거래의 대상이었다. 화질과 미장센 경쟁은 이미 한 세기 전에 시작된 일이다. 미래가 마주한 변곡점은 무엇보다 소리다.

• 하드웨어 ; 시장 조사 기관 모르도르 인텔리전스(Mordor Intelligence)가 추산한 바에 따르면 2020년 오디오 장비 시장 규모는 121억 달러였다. 2026년에는 170억 달러로 성장할 것으로 내다봤다. 자동차 오디오, 홈 오디오, 마이크 분야에서 큰 성장이 예상된다.

• 기술 ; 하드웨어뿐 아니라 관련 신기술도 비약적으로 커지고 있다. 인공지능을 활용한 음성 인식 기술은 연평균 21퍼센트 성장할 것이라 추산되고, 국내 음향 스타트업 '가우디오 랩'은 네이버, 삼성 등의 지원에 힘입어 169억 원의 투자를 유치했다.

시장이 그만큼 소리에 주목한다는 뜻이겠지!?

DEFINITION 음향 기술

음향 기술은 소리를 만들거나 가공해 듣기 좋게 하거나 몰입도를 높이는 기술을 뜻한다. 최근의 음향 기술은 음악이나 영상 등의 콘텐츠 뿐 아니라 다양한 분야에 접목되고 있다.

• 전기차 ; 전기차에는 주행 소음이 없다. 전기차는 내연 기관 대비 주행 소음이 20데시벨가량 작다. 주행 소음은 보행자의 안전과도 직결되며, 자동차를 운전하는 감각과도 직결된다. BMW는 주행음을 만들기 위해 세계적인 영화 음악 감독 한스 짐머(Hans Zimmer)와 손을 잡았다. 제네시스는 주행자의 속도에 맞춰 몰입도를 높이는 액티브 사운드 디자인을 선보였다.

• 메타버스 ; 메타버스에서도 음향 기술이 다양하게 적용된다. 네이버는 음향 스타트업에 공격적으로 투자했으며 크래프톤은 자체 R&D를 진행했다. 특정 메타버스 공간에 들어가면 해당 공간에 어울리는 배경음이 나오고, 캐릭터가 메타버스 안의 책장을 넘기면 랜덤한 종이 소리가 구현되는 식이다. 음성 변조와 인식, 변환 등의 기술도 무궁무진한 활용이 가능하다.

> 한스 짐머의 주행음이라니! 너무 궁금한걸

REFERENCE 노이즈 캔슬링

한편으로 하드웨어에서 비약적으로 대중화된 것은 노이즈 캔슬링 기기였다. 2019년 출시된 대표적인 노이즈 캔슬링 이어폰인 에어팟 프로는 작년 2분기에만 1000만 대 이상 판매고를 올리며 무선 이어폰 시장을 견인했다. 노이즈 캔슬링은 마이크에서 외부의 소음을 감지해 해당 소음과 반대되는 파형을 발생시켜 소음을 상쇄하는 기술이다. 시끄러운 지하철이나 도로에서도 문제없이 음악을 듣거나 영상을 볼 수 있다.

STRATEGY 음악이 된 소리

 노이즈 캔슬링 시장의 성장과 메타버스 및 전기차를 위한 음향 작업은
일견 양립하기 어려운 현상처럼 보인다. 어딘가는 듣기 좋은 소음을
만들고 누군가는 현실의 소음을 제거한다. 현실의 소리는 물리적
인과가 꽤나 명확하다. 빛에 의해 그때마다 다른 모습으로 비치는
색이나, 확실한 입자가 없다면 전하기 힘든 향과는 다르다. 버튼을
누르면 버튼의 장치와 장치 사이에서, 손가락으로 종이를 넘기면
지문과 종이 사이에서 마찰음이 발생한다. 이런 물리적 소리는 음악과
다르다. 의도적으로 선율을 만드는 음악과 달리 현실의 소리는 때로는
불규칙적이고 우연하다. 지금의 음향 기술의 발달 방향은 소리를
음악으로 대하는 것에 가깝다.

BACKGROUND 사운드스케이프

어쩌다 소리는 음악이 됐을까? 지금의 소리는 많은 이에게 감각의
기쁨보다는 스트레스의 원인으로 다가왔기 때문일 것이다.
1960년대 말, 캐나다의 작곡가 머레이 쉐이퍼(Murray Schafer)는
'사운드스케이프(Soundscape)'라는 개념을 제안하며 인간과 소리,
도시와 풍경 사이의 관계를 재정의했다. 그에 따르면 소리는 다양한
혼합을 거쳐 하나의 풍경으로 재탄생한다. 지금의 사운드스케이프는
어떤 모습일까?

• 도시 ; 머레이의 사운드스케이프는 50년 간 고도의 산업화와
발전을 거치며 크게 바뀌었다. 수도권 과밀화는 점차 심해졌고
그만큼 도로에는 더 많은 차와 오토바이가 달렸다. 지난 3월,

UN환경프로그램은 도시 소음 공해로 인한 피해를 새로운 환경 위협이라 정의했다. 프랑스는 7개 도시에서 과도한 소음을 내는 차량을 구분하는 센서를 실험 중이다. 지금의 도시는 기분 좋은 소리 풍경과 멀어졌다.

• 스트레스 ; 한편으로 사운드스케이프의 조화에서 오는 편안함은 정제된 사운드 콘텐츠 형태로 정착했다. 조사 결과, 두 명 중 한 명의 현대인은 일상생활에서 심각한 수준의 스트레스를 호소했다. 이런 현실에서 CALM과 같은 명상 어플이 제공하는 편안한 자연의 소리, 노이즈 캔슬링 이어폰에서 들리는 백색 소음의 인기는 당연한 결과다.

EFFECT 경험

• 경첩 ; 결국 지금 기술과 시장이 주목하는 소리는 정보를 전하는 매개체보다는 현실과 가상을 잇는 경첩에 가깝다. 팬데믹은 실제 경험의 폭을 축소했고, 사람들은 ASMR과 같은 극대화된, 하지만 듣기 좋은 소리로 경험의 한계를 극복한다.

• 감각 ; 한편, 소리만 이러한 감각 고도화로 나아가는 것은 아니다. 인위적으로 촉각을 구현하는 햅틱 기술도 비약적으로 발전하고 있다. 미국 스타트업 '햅트엑스(HaptX)'는 VR 장갑을 통해 가상 현실에 촉감을 도입했다. 2022 애플 디자인 어워즈에서 수상한 어플리케이션인 'Not Boring' 시리즈는 햅틱과 3D 그래픽를 통해 매일 쓰는 타이머, 습관, 날씨 어플에 실제 버튼을 누르는 듯한 감각을 부여했다.

소리의 의미는 계속해서 변했다. 사냥과 채집으로 하루를 버티던 때의
발자국 소리는 적의 침범이나 야생 동물로부터 자신을 보호할 수
있는 시그널이었다. 그러나 지금의 발자국 소리는 배경음에 가깝다.
이정권 카이스트 기계공학과 교수는 4차 산업혁명 이후의 소리가
비즈니스 전략이라고 정의한다. "향후 중요한 것은 일종의 매개체를
이용해 인간과 인간, 인간과 기계 또는 기계와 기계가 상호 작용을
잘하는 것"이기 때문이다. 사물과 인간 사이의 커뮤니케이션이 현실로
침투해오는 미래에 둘을 끈끈하게 연결시키는 건 무엇보다도 감각이다.
자동차는 내가 달리는 속도에 맞추어 적당한 주행 소음을 만들어
준다. 메타버스라는 무한의 세계를 달리면서도 사용자가 실제로 그
곳을 달리는 것처럼 현실감을 촉각과 소리로 구현해야 한다. 플래그십
스토어와 패션 브랜드의 F&B 사업, 체험 위주로 재편된 마트도 같은
맥락을 공유한다. 지금, 소리라는 감각은 가상을 현실적으로 완성하는
요소다.

©사진: A. Solano

FORESIGHT VR헤드셋

미래의 가상은 색과 소리, 움직임과 촉각 모두가 종합적으로 구현된 VR(Virtual Reality)을 꿈꾼다. 지금 이 가상 현실을 구현하는 하드웨어로 주목받는 것은 VR헤드셋이다. 블룸버그의 보도에 따르면 최근 애플은 VR헤드셋 개발에 힘을 기울이고 있다. 한편, 메타의 VR 기기인 오큘러스는 2021년 기준 누적 판매량이 1000만 대를 넘어섰다. 에어팟은 항상 꼬이는 이어폰의 줄이라는 현실적 불편함을 최소화하고 노이즈 캔슬링과 공간 음향을 통해 기분 좋은 가상을 만들어 냈다. 에어팟이 음향 하드웨어의 뉴 노멀이 됐듯, 메타와 애플의 VR헤드셋이 가상의 뉴 노멀이 되기 위해서는 현실감과 가상의 해방감을 연결하는 탄탄한 고리가 필요하다. 그 고리는 편안한 착용감일 수도, 콘텐츠일 수도 있다. ♥

더 많은 이야기는 북저널리즘 라디오에서 만나요!

유업이 흔들리는 가운데, 유제품 기업 푸르밀이 사업 종료 의사를 밝혔다가 철회했다. 우유 소비 감소의 원인은 저출생이 아닌 인식 변화다. 대체 우유가 소비자의 선택을 받는 지금, 유업의 미래는 마케팅에 달려 있다. __ 정원진 에디터

BACKGROUND 위기의 유업

오랜 적자를 이기지 못하고 푸르밀이 11월 30일부로 문을 닫겠다
선언했다. 전 직원 약 370여 명에게 사내 메일로 정리 해고를
통지했다가 노조의 반발을 마주했다. 네 차례의 협상으로 직원을
30퍼센트 감축해 사업을 유지하기로 합의했다. 푸르밀은 롯데우유에서
시작한 유제품 전문 기업이다. 2007년 롯데그룹에서 분사해 2009년
지금의 이름을 갖게 됐다. 비피더스, 가나초코우유, 검은콩 우유 등의
대표 상품까지 보유한 중견 기업이 무너졌다는 것이다. 업계는 푸르밀
사태를 심상치 않은 신호로 받아들이고 있다. 유업의 위기는 어디서
시작됐을까.

NUMBER 26.3킬로그램

유업의 위기는 오래됐다. 2015년 경북 대표 유업체 영남우유가 문을
닫은 바 있다. 낙농진흥회의 우유 유통소비통계는 유업의 위기를
잘 설명한다. 2001년 31킬로그램이던 1인당 흰 우유 소비량은
2020년까지 꾸준한 감소세를 보였다. 2018년 27킬로그램, 2019년
26.7킬로그램, 2020년 26.3킬로그램이다. 20년 전과 비교하면 약
5킬로그램이 줄었다.

RISK 저출생

우유 소비 감소, 그 배경엔 저출생이 있다는 분석이다. 20년 전
60만 명대를 기록하던 출생아 수는 현재 3분의 1이 됐다. 2021년
출생아 수는 26만 명대다. 우유 급식은 흰 우유 소비량의 7퍼센트를

차지한다. 학령 인구가 감소하며 우유 급식률도 줄고 있다. 2012년 52.5퍼센트였던 급식률은 2021년 28.1퍼센트까지 떨어졌다.

©사진: stciel

ANALYSIS 미국

위태로운 유업은 비단 우리나라만의 이야기가 아니다. 2019년 미국 최고령 우유업체 딘 푸즈(Dean Foods)가 파산을 신청했다. 미국 농무부에 따르면, 2018년 1인당 흰 우유 소비량은 약 66킬로그램으로 우유 소비량 측정을 시작한 이래 최저치였다. 미국에서 동일한 현상이 나타나고 있다. 유업의 위기를 제대로 들여다보면 저출생만으로는 설명하기 어려운 지점이 있다. 사람들은 왜 전처럼 우유를 마시지 않을까.

CONFLICT 우유

우유는 과거나 지금이나 단순한 음료가 아니다. 프로파간다와 가치관 사이, 우유에 대한 사람들의 인식 변화가 우리나라와 미국 유업의 위기를 낳았다.

• 프로파간다 ; 전후 시기 먹을 것이 충분치 않던 시절, 우유는 어린이들을 위한 최고의 영양 공급원으로 여겨졌다. 1946년 미국의 해리 트루먼 정부는 학교에 우유를 무상 제공하는 법안을 통과시켰다. 우리나라에선 1970년 전국 국민학교를 시작으로 우유 급식이 도입됐다. '흰 우유는 칼슘'이라는 공식은 프로파간다의 결과물이었다.

• 가치관 ; 오래된 공식은 깨졌다. 우유가 아니어도 영양소를 섭취할 수 있는 각종 건강식품이 늘었다. 여기에 더해 낙농업의 탄소 배출량, 동물권 이슈는 우유를 가치관 영역으로 옮겨 왔다. 식물성 원료로 만들어진 두유, 아몬드유, 오트 밀크, 코코넛 밀크 등이 우유의 대안으로 떠올랐다.

 '우유를 먹어야 키가 큰다' 어른들이 늘 하시던 말씀이죠

EFFECT 부끄러운 선택

 유럽 내 최대 낙농 협동조합 알라(Arla)가 진행한 설문 조사에 따르면, 흰 우유는 이제 부끄러운 선택이 됐다. 조사에 참여한 Z세대 49퍼센트는 공공장소나 일행 앞에서 유제품을 주문하는 것을 꺼린다고 밝혔다. 이들 중 3분의 1은 공공장소에서 대체 유제품만 주문하지만, 사생활이 보장되는 집에서는 유제품을 선호한다고 밝혔다.

INSIGHT 새로운 성장

산업의 위기는 새로운 성장의 기회다. 시장 조사 업체 유로모니터(Euromonitor)에 따르면 두유를 제외한 국내 대체유 시장

규모는 2021년 686억 원이었다. 오는 2026년에는 972억 원 규모까지 커질 전망이다. 국내 유업은 위기의식을 느끼고 대체유 시장에 뛰어들고 있다. 매일유업은 일찌감치 해외에서 '아몬드 브리즈'를 들여왔고, 자체 대체유 브랜드 '어메이징 오트'를 내놨다. CJ제일제당은 MZ세대로 이뤄진 사내벤처팀을 꾸려 '얼티브'를 론칭했다.

KEYPLAYER 오틀리

• 오틀리를 보면 대체유 시장의 미래가 보인다. 오틀리는 유당 불내증을 연구하던 교수가 만든 스웨덴 브랜드다. 미국 시장에서 성공을 거두고 2021년 나스닥 상장까지 했다. 오틀리가 본격적으로 두각을 나타내기 시작한 건 2012년 토니 페테르손 CEO 취임 후다.

• 페테르손은 오틀리를 라이프 스타일 브랜드로 만들기 위해 마케팅 전문가 존 스쿨크래프트를 영입했다. 제품명을 오틀리(Oatly)에서 '오틀-리!(Oat-ly!)'로 바꾸고 스타벅스에 납품할 바리스타 에디션을 출시하는 등 젊은 세대에게 다가가기 위해 노력했다. 비건 커피 브랜드 마이너 피겨스(Minor Figures)의 공동 창업자는 오틀리의 마케팅을 두고 "오틀리는 귀리를 섹시한 것으로 만들었다"고 평했다.

REFERENCE 하인즈

조미료 브랜드 하인즈(Heinz)는 마케팅으로 케첩의 이미지를 새롭게 바꾸고 있다. 하인즈는 핼러윈을 맞아 토비라는 캐릭터를 선보였다. 토비는 다름아닌 뱀파이어다. 하인즈 유튜브에 올라온 인터뷰 영상에서 토비는 자신이 채식주의자임을 밝힌다. 토비가 광고하는 '하인즈

토마토 블러드' 또한 꿀을 함유하지 않은 비건 제품이다. 토비는 각종 SNS를 통해 채식주의자 뱀파이어 라이프를 공유한다. 하인즈는 이 마케팅을 위해 틱톡 스타와 손을 잡았다. 토비를 맡아 연기하는 건 팔로워 40만 명을 보유한 틱톡 스타 Marcus EJ다. 가치와 재미까지 더한 하인즈의 마케팅은 젊은 팬을 중심으로 입소문을 타고 있다.

©사진: Heinz 유튜브

FORESIGHT 마케팅의 시대

프로파간다에서 가치관에 이르기까지 그간 유업을 이끈 건 시대의 흐름이다. 지금 필요한 건 유업을 매력적인 산업으로 만들 새로운 마케팅이다. 트렌드는 빠르다. 어제의 새로운 것이 오늘의 낡은 것이 된다. 어제의 우유는 건강을 위한 선택이었고, 오늘의 우유는 가치관에 의한 선택이다. 내일의 우유를 선택하는 기준은 제품의 디자인이 될 수도 단순한 재미가 될 수도 있다. 상품 그 이상을 파는 것이 유업 위기 탈출의 시작일 것이다. ⓣ

 비건 뱀파이어, 다음은 뭐가 될지 궁금하네요!

톡스에서 내 일과 삶을 변화시킬 레퍼런스를 발견해 보세요.
사물을 다르게 보고 다르게 생각하고 세상에 없던 걸 만들어 내는
혁신가를 인터뷰했어요.

유튜브에 작품 리뷰를 올려도 될까? 유명한 영화 장면을 활용해 굿즈를
만들어도 될까? 뉴스레터, SNS, 유튜브까지, 지금은 모두가 창작자이자
소비자인 시대다. 그러나 창작자를 위한 법은 아리송하고 때로는
멀다. 법의 장벽이 창작으로의 유입을 막기도 한다. BLSN 인스타 툰은
지금의 창작자와, 미래의 창작자를 위해 법을 설명한다. 그의 만화 속
법은 재미있고, 유용하다. 법을 하나의 제품이자, 변리사를 한 명의
디자이너라고 생각하는 김형준 변리사에게 창작자를 위한 창작을
물었다. __ 김혜림 에디터

이력이 특이하다. 기계 공학과 산업 디자인을 전공하고 변리사의
길로 들어섰다.

어릴 때부터 창작자가 되고 싶었다. 〈죠죠의 기묘한 모험〉을 좋아해서
만화가가 되고 싶었던 어린 시절을 지나, 대학생 때는 디자이너가
너무 멋있어 보였다. 제품 디자인을 공부했는데, 슬프게도 문득 재능이
없다는 걸 깨달았다. 내가 바라는 내 모습은 해외의 유명 디자이너인데
현실은 너무 멀었다. 직업으로 디자이너를 선택하기 어렵다고
생각했고, 그래서 변리사를 택했다.

왜 재능이 없다고 느꼈나?

나 스스로 조형 감각이 없는 것 같다고 느꼈다. (웃음) 기계 공학은
법칙이 있다. 정해진 공식을 사용해서 결과를 만드는 학문인데 산업
디자인은 다르다. 이를테면 포스터를 하나 만든다고 했을 때, 잘하는
애들에게 도형이나 텍스트 배치의 이유를 물으면 그냥 "예뻐서"라고
답한다. 그런 부분들에서 재능의 차이를 느꼈다.

변리사는 창작자와 가까우면서도 멀어 보인다. 변리사는
구체적으로 무슨 일을 하나?

발명가나 디자이너, 예술가 등 창작자는 옛날부터 있었다. 그들의
작업을 베끼는 사람도 옛날부터 있었다. 이런 상황에서 창작자들의
결과물을 법으로 보호하지 않으면, 작업물을 베끼는 사람이 늘어난다.
그런 상황에서 창작자는 창작 의욕을 잃어버리기 쉽다. 그렇다고
창작자를 법으로 너무 강하게 보호하면 다음 세대의 창작자가 나오기

어렵다. 예를 들어서, 휴대폰을 만들 때마다 최초로 휴대폰을 만든 모토로라에 돈을 줘야 한다면 후발주자인 애플은 휴대폰을 만들지 못했을 것이다. 결국 법은 지금의 창작자와 다음 세대의 창작자 사이에서 균형을 잡아 줘야 한다. 그래서 관련 법이 굉장히 복잡하다. 창작 과정에서는 남의 권리를 침해하지 않도록 도와주고, 창작을 완료한 이후에는 남들이 결과물을 베끼지 못하게 보호하는 역할도 한다. 복잡한 법과 창작자 사이를 이어주는 게 변리사라고 생각하면 되겠다.

창작자였다가 변리사가 된 케이스다. BLSN 인스타 툰은 한편으로는 창작이고, 또 한편으로는 창작과 법을 중재하는 일이다. 인스타 툰을 시작한 계기가 궁금하다.

순전히 개인적 동기 때문에 시작했다. 변리사가 된 이후에도 나 자신이 재능이 없어서 변리사가 됐다는 생각을 계속 했다. 변리사 일에 대한 애정이 많이 떨어진 상태였다. 우연히 《연필깎기의 정석》이라는 책을 보고 충격을 받았다. 처음에는 제목을 보고 소설인 줄 알았다. 연필을 깎는다는 게 책까지 필요한 일이라고 생각지 않았다. 그냥 연필깎이에 넣고 돌리면 되는 거니까. (웃음) 그런데 막상 읽어보니 연필은 무엇인지, 연필을 깎는다는 것은 어떤 행위인지, 연필을 깎기 전에 어떤 준비 운동을 해야 하는지, 특정 직군에 맞는 연필 깎는 방법까지, 연필을 깎는 것으로 콘텐츠를 만들었더라.

신기한 책이다. 책을 읽고 생각이 많이 바뀌었나?

분야에 상관없이 창작을 잘하는 사람은 잘할 수 있다고 생각하게 됐다. 어쩌면 변리사 일이 재미가 없는 게 아니라, 내가 변리사 일을 재미없게 하고 있는 게 아닐까? 변리사니까 창작을 하면 안 된다고 스스로를 제한하고 있었던 것 같다. 개인적으로 디터 람스(Dieter Rams)라는 독일 디자이너를 존경한다. 디터 람스가 변리사였다면 멋진 창작을 했을 것 같다. 스티브 잡스가 변리사라면, 역시 변리사로서 멋있는 걸 만들었을 것 같다. 다만 그들에게는 그 대상이 제품이고, 휴대폰이었을 뿐이다. 변리사라는 분야를 탓하지 말고 멋진 창작을 해보자고 생각했다.

변리사로서 할 수 있는 멋진 창작이 무엇이라고 생각했나?

이전 세대의 멋진 변리사는 큰 로펌을 세우거나 멋진 판례를 만드는 것일 테다. 그런데 지금은 다르다. 이미 중요한 판례는 다 나왔고, 큰 로펌도 많다. 그럼에도 여전히 창작자들은 법을 어렵게 느낀다. 그 사이를 원활하게 이어주는 게 지금 세대의 멋있는 법조인이라고 생각한다.

만화라는 형식을 택한 특별한 이유가 있는지 궁금하다.

사실은 유튜브를 4년 정도 했었다. 말아먹었다. (웃음) 트위터, 페이스북에서도 활동하며 여러 가지 시도를 해봤다. 그 중 인스타 툰이 내가 하고자 하는 것과 사람들이 좋아하는 것의 적합한 교집합이었던 것 같다. 스타트업 업계에서는 본인이 만드는 서비스와 고객의 니즈가 맞아떨어지는 걸 '프로덕트-마켓 핏을 찾았다'고 표현하더라. 이제야 나의 프로덕트-마켓 핏을 찾은 느낌이다.

<u>인스타그램 팔로워가 10만 명이다. 다른 법률 콘텐츠와 달리
성공할 수 있었던 이유가 궁금하다.</u>

기존의 법학 콘텐츠에 가진 세 가지 불만이 있었다. 하나는 말이
어렵다는 것이다. 예를 들어서, 변리사들이 법을 설명할 때 "디자인은
신규성이 있어야 한다"는 말을 자주 하는데, '신규성'이라는 법률 용어
하나에 엄청나게 많은 의미가 들어있다. 대중이 이해하기 어려운 법률
용어를 당연한 듯 쓰더라. BLSN 인스타 툰에서는 전문 용어를 최대한
배제했다.

제품 디자인을 표절로부터 보호하는 방법을 다뤘다. ©사진: BLSN (@blsn_02)

둘째로는, 실제로 법이 어렵다. 고려해야 하는 법적 요소 하나하나에
판례가 모두 엮여 있다. 배경지식이 없는 이에게 수많은 예외와
판례를 설명하는 것은 불가능하다. 이 문제는 범위를 좁혀서 해결했다.
이를테면 '저작물을 이용해도 되는가?'라는 질문에 답하기는 쉽지
않지만 '유튜브에서 책을 리뷰하는 영상을 올려 수익을 창출해도

되는가?'라는 질문에는 판례나 법조문이 한두 개 정도만 엮인다. 이 정도로 줄이면 배경지식이 없는 사람에게도 쉽게 설명해 줄 수 있다.

아이돌을 활용한 굿즈 제작 사례를 다뤘다. ⓒ사진: BLSN (@blsn_02)

세 번째 문제점은 기존 법률 콘텐츠는 창작자들이 궁금한 걸 답하지 않는다는 점이었다. 일반적으로 법조인은 최신 판례를 분석하는 콘텐츠를 만든다. 하지만 창작자들은 최신 판례를 궁금해하지 않는다. 이렇게 분석하고 나니 내가 예전에 만들었던 콘텐츠에도 이런 문제점들이 보이더라. 인스타그램은 한 번에 열 장의 사진만 올릴 수 있지 않나. 그렇다보니 강제로 범위를 좁혀야 했고, 이해하기 쉬워야 했다. 인스타그램의 제한 때문에 오히려 재밌는 콘텐츠가 나오게 됐다.

　　<u>가장 반응이 뜨거웠던 회차가 무엇인지 궁금하다.</u>

컨버스(Converse) 사의 신발과 무인양품의 신발이 똑같이 생겼다. 이것이 표절인지 아닌지를 설명하는 만화가 반응이 뜨거웠다. 그

전까지는 1만, 2만 명 선이던 인스타그램 조회수가 순식간에 백만 명
단위로 바뀌었다. 일본의 그래픽 디자이너인 하라 켄야(Hara Kenya)가
만화에 나오는데, 전설적인 디자이너를 장난스럽게 표현한 걸 재미있게
봐주셨던 것 같다.

컨버스와 무인양품의 신발 디자인을 다뤘다. ©사진: BLSN (@blsn_02)

내가 가진 전문 지식을 알기 쉬운 형태로 나눈다는 점에서 BLSN
인스타 툰은 일종의 매체 역할도 수행하는 것 같다. 이러한
형태의 지식 공유가 왜 중요하다고 생각하나?

지금의 법은 너무나도 복잡해졌다. 지식재산권 법은 창작자를 위해
만들어진 법인데, 정작 창작자들이 이해하기 어렵다. 그렇다면 지금
세대의 창작자와 다음 세대의 창작자 사이의 균형을 맞춰야 하는
법이 제 역할을 못하는 것이라고 생각한다. 다른 분야들은 사용자
친화적으로 변화했다. 요즘에는 부동산을 몰라도 어플리케이션을
활용하면 쉽게 원하는 조건의 집을 구할 수 있지 않나. 여전히

창작자를 위한 법은 공급자 친화적이다. 결국 언젠가는 법도 소비자 친화적으로 바뀌어야 한다고 생각한다. 이런 지점에 나도 일조하고 있지 않나 하는 생각이 든다. (웃음)

자신이 가진 전문 지식을 대중과 나누고자 하는 독자에게 전해줄 팁이 있다면?

결국 물건 파는 것과 비슷한 일이라고 생각한다. 디자인을 먼저 배워서 그런 건지도 모르겠다. 법학은 무언가 특이하고 대단한 것이 아니다. 그저 하나의 상품이고, 나는 그 상품을 공급하는 사람이다. 공급자는 소비자가 이해하기 쉽게 상품을 설명해야 하고, 소비자가 원하는 제품을 팔아야 한다. 콘텐츠와 법도 마찬가지다. 이 부분을 이해하면 많은 방법들이 보일 것 같다.

앞으로의 계획과 목표가 궁금하다.

인스타 툰을 하면서 질문을 많이 받았다. 물건을 판다고 생각하니 정말 귀중한 데이터더라. 질문의 형태는 대체로 비슷하다. '자신이 A를 만드는데 B를 베껴서 C를 하고 싶은데 문제가 없느냐'는 패턴이 반복된다. 이 패턴을 연구해서 인사이트를 낸다면 정말 멋진 콘텐츠를 창작할 수 있을 것이라 생각한다. 브랜드를 만드는 사람들의 질문만 모은 콘텐츠, 유튜버를 위한 콘텐츠들이 나올 수 있을 것이다. 다른 법학 콘텐츠를 만드는 사람들이 하지 못했던 걸 내가 할 수 있겠다는 생각이 든다. 데이터를 계속 쌓아서 소비자 친화적인 콘텐츠를 만드는 게 목적이다. 다른 변리사한테는 절대 보여 주지 않을 거다. (웃음) ☗

다른 사람의 제품디자인을 참고하는 법   01

Q. 의자를 디자인할때, 오래된 의자 디자인을 참고해도 되나요?

Q. 유명한 캐릭터의 코스프레 용품을 만들어서 팔아도 되나요?

Q. 유튜브에 예술작품을 리뷰하는 영상을 올려도 되나요?

롱리드는 단편 소설 분량의 지식 콘텐츠예요. 깊이 있는 정보를 담아요.
내러티브가 풍성해 읽는 재미가 있어요.
세계적인 작가들의 고유한 관점과 통찰을 만나요.

아인슈타인을 유명하게 만든 것은 그의 지성이었지만, 그를 하나의
아이콘으로 만든 것은 그의 외모였다. 그의 연구를 이해하는 사람은
거의 없었다. 뉴욕타임스에서는 "4000명의 청중은 아인슈타인이 하는
말을 이해하지 못했다"고 했다. 그러나 인쇄물과 텔레비전이라는
최신 기술을 통해서 확산된 그의 이미지는 누구든 어렵지 않게 다가갈
수 있었다. 머리는 산발이었고, 꾀죄죄한 점퍼를 입었으며, 콧수염은
애벌레처럼 보였고, 턱살은 초라했으며, 슬프고 반짝이는 두 눈을 갖고
있었다. _ 사이먼 파킨(Simon Parkin)

1951년의 알베르트 아인슈타인 ©사진: Arthur Sasse/Bettmann Archive

2003년 7월, 물리학자이자《매디슨가의 물리학자(A physicist
on Madison Avenue)》로 퓰리처상 후보에 오른 작가였던 토니
로스먼(Tony Rothman)은 자신의 편집자로부터 달갑지 않은 소식이
담긴 이메일을 한 통 받았다. 자신의 새 책 출간이 몇 주밖에 남지 않은
시점이었다. 과학의 역사에서 많이 오해받는 이야기들을 친절하게
바로잡고 있는 이 책의 제목은《모든 것은 상대적이다(Everything's
Relative)》로, 알베르트 아인슈타인의 상대성 이론(theory of relativity)을
자연스레 연상시키는 것이었다. 그리고 로스먼은 함께 이 책의 출간을
준비하던 출판사 와일리(Wiley) 측에 역사상 가장 유명한 과학자의
사진을 표지에 사용할 수 있게 해달라고 요청해 놓은 상태였다.

　　이메일에는 "문제가 생겼다"라고 적혀 있었다. 로스먼의
편집자는 아인슈타인의 유산 관리인이 "극도로 공격적이며 소송을
일삼는다"고 그 전부터 경고해 왔다. 편집자는 출판사가 아인슈타인의
이미지 사용에 대한 대가로 거액의 비용을 지불하지 않는 한, 자신들이
고소를 당할 수도 있다고 설명했다. 로스먼은 경악했다. 그는 이메일로
이렇게 답변했다. "저는 이게 우스꽝스럽다고 생각합니다. 만약
그 유산 관리인이 아인슈타인의 이미지를 사용한 모든 사람들을

쫓아다녔다면, 그들에게는 다른 일을 할 여유가 전혀 없었을 겁니다. 애초에 그들이 사진을 소유하는 게 맞긴 한가요?"로스먼의 편집자는 법적인 세부 사항들에 대해 조사하는 것을 꺼렸다. 그의 말에 따르면, 출판사는 이렇게 적대적인 상속자들을 마주한 사례가 처음이 아니라고 하며 어두운 기색으로 20세기 미국을 상징하는 작가들 중 한 명의 문학 유산을 관리하는 "탐욕스런 자칼들"을 언급했다고 한다.

알베르트 아인슈타인은 1955년에 사망했다. 그는 자신의 유언장 13항에서, 비서였던 헬렌 두카스(Helen Dukas)와 의붓딸이었던 마고 아인슈타인(Margot Einstein)이 죽으면, 그의 "원고, 저작권, 출판권, 인세 … 그리고 다른 모든 저작 자산들은" 1918년에 자신이 공동으로 설립한 교육기관인 예루살렘히브리대학교(Hebrew University of Jerusalem)에 전달될 것이라고 서약해 놓았다. 아인슈타인의 유서에는 책이나 상품, 광고 등에서 그의 이름이나 생김새를 사용하는 것에 대해서는 언급되어 있지 않다. 오늘날에는 이런 것들이 퍼블리시티권(publicity rights, 개인의 이름이나 이미지 등이 상업적으로 사용되지 못하게 보호받을 수 있는 권리)으로 알려져 있지만, 아인슈타인이 유언장을 작성하던 당시에는 법적으로 그러한 개념이 존재하지 않았다. 그러나 1982년에 히브리대학교가 아인슈타인의 유산에 대한 권리를 획득했을 때, 퍼블리시티권은 매년 수백만 달러의 가치에 이를 정도로 치열한 법률적 전장이 되어 있었다.

1980년대 중반에 이 대학교는 아인슈타인의 이름과 생김새를 누가 얼마의 비용으로 사용할 수 있는지 결정할 권리가 자기들에게 있다고 주장하기 시작했다. 사용권 허락을 받고자 하는 이들은 제안서를 제출해야 했으며, 그 제안은 익명의 중재인들에 의해 비공개로 심사됐다. 아인슈타인 브랜드 기저귀? 안 돼. 아인슈타인 브랜드 계산기? 좋아. 이러한 절차를 따르지 않거나 이 대학교의 결정에 불복하는 이들은 누구라도 법적 조치의 대상이 될 수 있었다. 실제로 아인슈타인을 테마로 만든 티셔츠, 핼러윈 의상, 커피콩, SUV 트럭, 화장품 등이 법정에 서게 되었다. 이 대학교의 타깃은 시장에서 잡동사니를 파는 노점상에서부터 코카콜라, 애플, 월트디즈니와 같은 다국적 기업들까지 다양했다. 월트디즈니는 2005년에 자사의 유아용 장난감 제품군에 '베이비 아인슈타인(Baby Einstein)'이라는 이름을 50년 동안 사용하는 대가로 266만 달러를 지불했다.

아인슈타인은 이제 돈을 잘 버는 사람이 됐다. 그가 프린스턴의 고등연구소(IAS)에 근무할 당시에 받은 급여는 1만 달러(현재의 가치로 약 18만 달러)였는데, 이는 해당 연구소가 미국의 그 어떤 과학자들에게 책정한 급여보다도 많은 금액이었다. 당시에 아인슈타인도 "그건 너무 많은 거 아닙니까?"라고 물을 정도였다. 그러나 그의 생전 수입은 그가 사후에 벌어들인 금액에 비하면 미미한 수준이다. 2006년부터 2017년까지 그는 포브스(Forbes)에서 선정하는 "사망한 유명인들(Dead Celebrities)", 즉 최고소득 역사적 인물 10인 명단에 매년 이름을 올렸다. 아인슈타인은 라이선스 비용으로 히브리대학교에 매년 평균 1250만 달러를 벌어다 주고 있었으며, 이는 이스라엘의 대학교들 가운데 최고 수준이다. 아인슈타인의 사후에 이 대학교가 벌어들인 금액은 현재까지 보수적으로 추산해도 2억 5000만 달러에 이른다고 한다.

비록 이 대학교가 권리를 침해한 것으로 보이는 사람들과의 소송에서 연이어 이기고 있더라도, 아인슈타인이 과연 이런 일들을 원했을 것인지에 대한 비판은 여전히 해소되지 않은 채 남아 있다. 생전의 그는 자신의 인격을 상업화하려는 시도에 반대했다. 그랬던 그가 왜 사후에 그 입장을 바꾸겠는가? 미국의 한 법학 교수는 뉴욕타임스에 기고한 글에서 해당 대학교 및 그와 유사한 기관들을 "새로운 도굴꾼들(The New Grave Robbers)"이라고 묘사했다. 주식회사 타임(Time Inc.) 측의 한 변호사는 이 대학교 측의 대리인들을 두고 "부족의 사람 사냥꾼 그룹(Group Of Tribal Headhunters)"이라고 불렀다. 이 대학교의 입장에 반대하는 수많은 사업체들 중에는 아동용으로 신기한 아인슈타인 의상을 만드는 제조사가 있다. 이 회사는 관련 사안을 취재하는 기자에게 이렇게 말했다. "(그 대학교는) 사망 당시에 존재하지도 않았던 알베르트 아인슈타인의 권리를 '상속받을' 수 없습니다." 반면에 대학교 측은 수상쩍은 제휴 관계로부터 아인슈타인의 명성이 훼손되지 않도록 보호하는 것은 단지 법적인 권리에만 그치는 것이 아니라 도덕적인 의무이기도 하다고 주장한다. 그들은 이 사안에 대해 더 이상 논의하기를 원하지 않았다. 대학교 측은 이 글을 위한 나의 인터뷰 요청을 거절했지만, 중재자를 통한 이메일 질문에는 응하기로 했다. 그들의 답변은 간결했다. 사실에 기반을 둔 질문들에 대해서는 대체로 "알지 못함"이라고 답변했다. 다른 질문들에 대해서는 그들에게 법적인 권리를 집행할 자격이 있으며 추가적인 세부 사항은 공개하고 싶지 않다는 답변을 반복했다.

이 문제를 해결하기는 쉽지 않다. 조지워싱턴대학교(George Washington University) 로스쿨의 로저 셰크터(Roger Schechter) 교수는 사후 퍼블리시티권에 대한 법률이 "완전히 엉망진창"이라고 설명한다. 브라질, 캐나다, 프랑스, 독일, 멕시코는 국가 차원에서 사후 퍼블리시티권의 정의 및 기간을 명시하는 법률을 갖고 있지만, 미국에서는 각각의 주마다 법이 다르다. 사후 퍼블리시티권에 관한 공식적인 법령이 있는 주는 24곳에 불과한데, 그 기간마저도 당사자의 사후 20년(버지니아)에서 100년(오클라호마, 인디애나)에 이르기까지 들쭉날쭉하다. 따라서 캘리포니아에서 죽은 유명인의 권리는 뉴욕에서 죽은 사람의 권리와 다르다. 또한 아인슈타인이 사망한 곳인 뉴저지는 사망한 유명인의 퍼블리시티권에서 수익을 취할 권리에 제한을 두지 않는 17개 주 가운데 하나다. 이는 히브리대학교가 그들의 권리를 침해한 것으로 보이는 이들을 상대로 무제한의 법적 조치를 취하는 것을 허용하는 근거가 된다. 이와 관련해 셰크터 교수는 이렇게 말했다. "만약 제가 로스쿨의 기말 시험에서 학생들의 실력을 제대로 평가할 수 있는 문제를 고른다면, 아인슈타인이 제격일 겁니다."

법조인들이 관련 법률의 모호함에 대해 논의하는 동안, 히브리대학교는 아인슈타인의 이름과 생김새, 심지어 그의 실루엣으로부터도 계속해서 수익을 취했다. 지난해 영국 정부는 스마트 에너지 계량기 홍보 목적의 TV 방송 및 온라인 광고에서 아인슈타인을 활용했는데, 이를 위해 지불한 구체적인 액수는 공개되지 않았다. 히브리대학교는 현재 일리노이주에서 아인슈타인 상표권을 침해한 것으로 여겨지는 100곳을 상대로 소송을 제기하여 진행 중인데, 일리노이는 유명인의 생김새에서부터 '몸짓 및 버릇'에 이르기까지의 모든 것을 100년 동안 보호하는 법령을 갖고 있다.

다시 2003년으로 돌아가서, 로스먼은 아인슈타인 이미지 사용 권리를 히브리 대학교가 가졌기 때문에 자신의 책 표지에 아인슈타인을 넣을 수 없다는 출판사 측의 이야기에 납득하지 못했다. 교육에 전념해야 하는 기관은 말할 것도 없고, 어떻게 한 조직이 그런 방식으로 유명 인사의 이미지에 대한 소유권을 주장할 수 있단 말인가? 그러나 출판사는 거액의 법정 다툼을 감행하려 하지 않았다. 로스먼은 책 표지 시안을 받았다. 아인슈타인의 이미지는 사라져 있었고, 그 자리는 토머스 에디슨으로 대체됐다.

로스먼은 이메일로 편집자에게 "디자인이 구리다"라고 했다. 그리고 다음과 같이 덧붙였다. "저는 원안으로 돌아갈 것을

요구합니다." 출판사의 입장은 흔들리지 않았다. 히브리대학교의
평판은 그들을 단념하게 만들기에 충분했다. 《모든 것은 상대적이다》가
마침내 서점에 모습을 드러냈을 때, 책의 표지는 구름 위에 세계에서
가장 유명한 공식인 $E=mc^2$이 떠올라 있는 모습이었다. 이 공식을 만든
사람의 모습은 어디에서도 보이지 않았다.

화가인 폴 이가르투아(Paul Ygartua)가 캐나다 브리티시컬럼비아의 서리(Surrey)에 소재한
어느 사업체의 벽면에 그린 알베르트 아인슈타인의 벽화 ©사진: Canadian Press/REX

가장 사랑받은 과학자, 아인슈타인

아인슈타인은 이미지의 힘을 잘 알고 있었다. 생애 전반에 걸쳐서 그는
아래로 곤두박질치는 엘리베이터, 번개 치는 폭풍우 속을 전속력으로
달리는 기차, 휘어진 표면을 기어가는 눈 먼 딱정벌레 등 간단한
장면들을 활용해서 복잡한 아이디어들을 설명했다. 특수 상대성 이론을
설명하기 위해서 그는 이런 농담을 했다. "뜨거운 난로 위에 앉아 있는
1분은 1시간처럼 느껴지지만, 예쁜 여성과 함께 앉아 있는 1시간은
1분처럼 지나간다." 그리고 시간이 지나 천재라는 불가사의한 성질이
가장 순수하게 구현된 존재로서, 그 자신 또한 하나의 상징이 되었다.
　　그러나 어린 시절의 아인슈타인은 가망이 없는 아이였다.

1879년에 갓난아기였던 아인슈타인의 머리가 한쪽으로 치우친 것을 처음 본 외할머니는 이렇게 외쳤다. "너무 두툼해! 너무 두툼해!" 가정부는 아기 아인슈타인을 "데어 데페르테(der Depperte, 얼간이)"라고 불렀다. 아인슈타인은 말문이 트이는 데에도 시간이 너무 오래 걸리는 바람에, 그의 부모는 아이에게 문제가 없는지를 알아보기 위해 의사를 찾아가기도 했다. 학교 선생님은 아인슈타인이 이제껏 가르쳤던 학생들 가운데 주의력이 가장 산만하며, 그가 절대로 사람 구실을 하지 못할 것이라고 말했다.

아인슈타인은 취리히연방공과대학교(ETH Zurich)에서 수학 학위와 교원 자격을 취득하여 졸업한 후 여러 중등 교직에 지원했지만 거절당했다. 스위스 베른의 특허청 직원, 또는 그의 말에 따르면 "나라의 고매한 잉크 뿌리개(respectable federal ink pisser)"로 일하던 당시, 그는 과학 이론들을 정립해 나가면서 26세이던 1905년부터는 일련의 논문들을 출간하기 시작했다. 이것이 나중에 특수 상대성 이론을 포함해 물리학에 혁명을 일으킨 저작들이다. 다른 과학자들은 아인슈타인의 발상이 가진 중요성을 금세 알아차렸고, 1909년에 그는 취리히대학교(University of Zurich)의 이론물리학 교수가 됐다. 그러나 아인슈타인이 비로소 세계적인 유명 인사가 된 것은 1919년의 일이었다.

그해에는 일식 현상이 있었다. 이때 영국의 천문학자인 아서 애딩턴 경(Sir Arthur Eddington)은 아인슈타인의 이론들 가운데 하나를 검증하기 위해 사진 촬영 실험을 수행했다. 그것은 바로 중력이 멀리 떨어진 빛을 휘게 만든다는 가설이었는데, 이는 간단한 주장 같으면서도 은하계를 재배치해야 할 수도 있는 문제를 가지고 있었다. 만약 이것이 사실이라면, 밤하늘의 모든 별들과 위성들과 행성들의 위치를 다시 계산해야만 했다. 당시에 영국의 과학자들은 독일의 과학자들을 무시하거나 폄하하곤 했기 때문에 아인슈타인은 영국에서 그리 잘 알려진 인물이 아니었다. 그럼에도 불구하고 1919년 11월 6일, 런던의 왕립학회(Royal Society)에 기라성 같은 거물들이 모여들었다. 에딩턴이 수행한 실험의 결과를 듣기 위해서였다. 다음 날 아침, 더 타임스(The Times)는 세계에 다음과 같은 소식을 전했다. "과학계의 혁명. 우주에 대한 새로운 이론. 뉴턴의 생각이 뒤집히다." 뉴욕타임스(New York Times)는 아인슈타인의 발견이 "아마도 인류 사고의 역사상 가장 위대한 성취일 것"이라고 선언했다. 기사의 제목은 "빛은 모두 하늘에서 휘어진다"였다. 한때의 얼간이가 세계의 중심축을 강타한 것이다.

대중 매체의 첫 번째 개화기였던 이 시기에 유명 인사로 재탄생한 아인슈타인에게는 팬레터가 급류처럼 밀려들기 시작했다. "나는 지옥에서 불타고 있으며, 우체부는 악마다." 에딩턴의 발표 4주 후에 그는 "숨쉬기 힘들 정도로" 언론의 취재에 시달리고 있다며 이처럼 불평을 토로했다. 그럼에도 불구하고 아인슈타인은 계속해서 인터뷰를 진행해 나갔고, 핵심을 이해하기 쉽고 간결하게 표현하는 그의 재치와 재능은 기사의 문구로 쓰기에도 제격이었다. 그는 전국 단위의 신문에 글을 기고했으며, 화려한 인사들과의 친분을 계속해서 이어 나갔다. 그에게는 설명할 수 없는 카리스마가 있었다. 그의 유명세에 어리둥절했던 뉴욕 주재 독일 영사는 1931년에 이렇게 말했다. "정확히 왜인지는 모르겠지만, 아인슈타인의 개성이 일종의 집단적인 흥분 상태를 촉발시킨다."

아인슈타인을 유명하게 만든 것은 그의 지성이었지만, 그를 하나의 아이콘으로 만든 것은 그의 외모였다. 그의 연구를 이해하는 사람은 거의 없었다. 뉴욕타임스에서는 "4000명의 청중은 아인슈타인이 하는 말을 이해하지 못했다"고 했다. 그러나 인쇄물과 텔레비전이라는 최신 기술을 통해서 확산된 그의 이미지는 누구든 어렵지 않게 다가갈 수 있었다. 머리는 산발이었고, 꾀죄죄한 점퍼를 입었으며, 콧수염은 애벌레처럼 보였고, 턱살은 초라했으며, 슬프고 반짝이는 두 눈을 갖고 있었다. 《알버트 아인슈타인 논문집(The Collected Papers of Albert Einstein)》의 편집자였던 로버트 슐만(Robert Schulmann)은 이렇게 말했다. "그는 지저분했습니다. 그런데 어느 시점이 되자, 그게 좋은 방향으로 해석되기 시작했습니다." 아인슈타인의 이미지는 그가 온 세상에서 사랑받게 해줬고, 고차원적인 문제들에 너무나도 열중해 있기 때문에 머리를 빗을 생각조차도 못한다는 인식을 만들어 냈다.

인도주의자, 철학자, 평화주의자, 반인종차별주의자로서 아인슈타인의 활동은 평생에 걸쳐서 지속됐다. 아돌프 히틀러가 권력을 차지하자 망명자 신분이 된 아인슈타인은 독일 시민권을 버렸고, 다시는 고국으로 돌아가지 못했다. 브란덴부르크의 카푸트(Caputh)에 있었던 그의 여름 별장은 히틀러유겐트(히틀러 청소년단)가 사용하게 됐다. 그는 난민들이 나치의 억압을 피해 탈출하는 걸 도왔고, 미국 흑인들의 시민권을 위해 캠페인을 벌였으며, 자신의 이론을 바탕으로 원자 폭탄이 개발된 뒤에는 평화주의자가 되어 목소리를 높였다. 레이저에서부터 우리 손바닥의 스마트폰을 가동시키는 반도체에 이르기까지, 오늘날의 현대 사회를 움직이고 있는 수많은 기술에서 아인슈타인의 손길을 찾아볼 수 있다. 그러나 적어도 대중의 인식에 가장 또렷하게 남아 있는 것은 아인슈타인의 이미지이다.

1951년 3월 14일, 아인슈타인이 뉴저지의 프린스턴 클럽(Princeton Club)에서 자신의 72번째 생일을 축하하고 떠나던 순간이었다. 그의 시선이 미국의 사진 기자인 아서 새스(Arthur Sasse)가 들고 있던 카메라를 발견했다. 아인슈타인이 렌즈를 보면서

혀를 내밀었다. 새스가 이 사진을 아인슈타인의 편집자들에게 보냈을 때, 그들은 이것을 공개해야 할지를 두고 토론을 벌였다. 이 사진이 저명한 피사체(인물)의 분별력이 흐려진 순간을 포착한 장면이 아닐까 우려했던 것이다. 그러나 이 사진은 공개 이후 아인슈타인의 이미지 중 가장 오래 기억되며 가장 유명한 것이 됐다. 한 시대를 정의했던 천재가 동시에 친근한 조커가 된 것이다. 아인슈타인은 이 사진을 아홉 장이나 주문했다.

아인슈타인은 4년 뒤인 1955년 4월 18일, 76세의 나이로 사망했다. 그는 자신이 사후에 우상화되는 것을 막기 위한 계획을 세워 놓았다. 그리고 자신의 믿음직한 친구이자 경제학자였던 오토 나탄(Otto Nathan)에게 유산 집행인의 지위를 맡기며 지시 사항을 남겼다. 아인슈타인은 자신의 시신을 화장해서 대서양 연안의 델라웨어강에 뿌려 달라고 했다. 자신을 추모하는 사원을 만들어서는 안 되고, 그의 연구만이 유일한 유산이 되어야 했다. 그러나 이것이 그의 두뇌가 도난당하는 걸 막지는 못했다. 아인슈타인이 사망한 병원의 수석 병리학자였던 토머스 하비(Thomas Harvey)가 그의 두뇌를 적출해 보관했던 것이다. 하비의 아들인 아서(Arthur)는 다음 날 아침 학급 친구들에게 "우리 아빠가 그의 두뇌를 갖고 있다"고 자랑까지 했다. 하비는 인류가 지금까지 만들어 낸 가장 감격적인 신체 기관을 계속해서 연구할 수 있기를 바랐다. 그러나 미래의 가치라는 측면에서 보자면, 하비는 잘못된 유물을 선택했다. 세상이 원했던 것은 아인슈타인의 두뇌가 아니라 그의 얼굴이었다.

사망한 유명인의 퍼블리시티 산업을 발명하는 데 일조한 것으로 널리 평가받는 변호사이자
대리인인 로저 리치먼, 1985년 자신의 할리우드 사무실에서 ⓒ사진: Paul Harris

프리미엄이 붙는 원리

로저 리치먼(Roger Richman)은 뉴욕의 워싱턴 마을에 있는 부모님
댁 거실에 들어갈 때면 언제나 그의 아버지와 알베르트 아인슈타인이
함께 서 있는 사진이 걸려 있는 걸 본다. 리치먼의 아버지 폴(Paul)과
아인슈타인은 1930년대에 독일의 유대인들이 알래스카와 파라과이,
멕시코에 정착할 수 있도록 도와주는 일을 함께 하면서 친구가 됐다.
(당시에 나치의 억압을 피해 떠나온 유대인들에게 미국 문호는 대부분
닫혀 있었다.) 리치먼의 아버지는 1955년 아인슈타인이 죽고 세 달
뒤에 사망했지만, 리치먼 가족은 아인슈타인의 유산 관리인과 가까운
관계를 유지했다.

　관련 법령을 조사하던 리치먼은 영화 〈드라큘라(Dracula)〉의
주연으로 가장 잘 알려진 헝가리계 미국 배우인 벨라 루고시(Bela
Lugosi)의 아들이 연관된 사례를 발견했다. 1966년에 루고시의 아들이
유니버설픽처스(Universal Pictures)를 상대로 소송을 제기했는데,
그는 부친의 초상권이 영화사가 아니라 자신과 그의 의붓어머니에게
있다고 주장했다. 루고시의 아들은 해당 소송에서는 승소했지만, 고등

법원에서는 벨라 루고시가 생전에 자신의 이미지를 상업적인 목적으로 판매하지 않았다는 사실에 근거하여 기존의 판결을 뒤집었다. 그러자 리치먼은 이렇게 추론했다. 생전에 자신의 이미지를 '판매한 적이 있는' 유명인의 상속인들은 그들의 퍼블리시티권에 대한 권리를 갖고 있다고 말이다.

몇 달 뒤에 그의 가설을 검증해 볼 기회가 찾아왔다. 미국 우정공사(USPS)가 W. C. 필즈의 탄생 100주년을 축하하는 기념우표를 제작하려 계획하고 있다는 사실을 리치먼이 알게 된 것이다. 그는 루고시의 사건에 대한 고등 법원의 판결을 언급하면서 고소장을 제출했다. 첫 반론 이후, 우정공사는 결국 사망한 유명인의 유산에 대해 최초의 라이선스 비용을 지급하게 됐다.

곧이어 리치먼의 클라이언트 명단에는 누구나 부러워할 만한 고인들이 들어가게 됐다. 대표적으로는 마릴린 먼로(Marilyn Monroe)와 지그문트 프로이트(Sigmund Freud) 등이 포함됐다. 유명인의 후손들은 리치먼에 대한 이야기를 들으면 기뻐하는 경우가 많았다. 사랑했던 가족의 유산을 더럽히는 사례를 막으면서 돈도 벌 수 있는 방법을 제시했기 때문이다. 광고주들 역시 고인과 협업하는 걸 원했다. 그들은 살아 있는 사람들과 달리 새로운 스캔들에 휘말리지도 않았고, 비싼 촬영 현장에 나타나지 않거나, 거액의 계약 재협상을 요구하는 경우도 없었기 때문이다. 그러나 리치먼으로부터 법적 고지를 받는 사람들은 회의적이었다. 베이비 아인슈타인의 공동설립자인 윌 클라크(Will Clark)의 말에 의하면, 명예 훼손이나 저작권, 상표권 등 확실하게 인정받는 법률을 잘 준수하던 기업들은 "개략적이며 확실치 않은 법률적 주장으로 갑작스러운 공격을 받았다"고 생각했다. "리치먼이 할리우드에서 쉽게 공감을 얻을 만한 흥미로운 법률적 개념을 '발명했다'는 건 분명합니다. 그러나 그가 가파른 언덕 위쪽으로 거대한 바위를 밀어 올리고 있다는 것도 마찬가지로 분명했습니다."

리치먼은 스스로를 언더독(underdog, 강자에게 맞서서 힘겨운 싸움을 벌이는 약자)이라고 여겼다. 출간되지 않은 회고록에서 그는 이렇게 썼다. "때때로 나는 반대편의 힘과 영향력에 낙담하게 된다. 나는 메이저 광고 대행사와 방송국, 영화사, 제조업체, 출판사를 상대로 싸우고 있다. 이곳은 전쟁터이다." 그러나 그는 자신에게 도덕적인 명분이 있다는 생각에 힘을 얻었다. 리치먼은 이렇게 썼다. "시중에서 대통령 모양의 딜도(dildo)를 없애고 싶지 않은 사람이 대체 어디 있겠는가?"

W. C. 필즈의 손자인 에버릿(Everett)은 자신의 위협에 법적인 무게감을 더하기 위해 리치먼에게 유명인 권리법 초안 작성을 제안했다. 리치먼은 처음에 이 아이디어가 터무니없다고 생각했다. 그러나 캘리포니아 주의회의 윌리엄 캠벨(William Campbell) 상원의원이 이 법률의 초안 작성에 관심을 표출하자, 리치먼은 "유명한 위인들의 미망인과 자손들"에게 80통 이상의 편지를 써서 의견을 모았다. 그리고 엘리자베스 테일러(Elizabeth Taylor), 엘비스 프레슬리(Elvis Presley)의 예전 아내인 프리실라(Priscilla), 빙 크로스비(Bing Crosby)의 미망인인 캐스린(Kathryn) 등의 강력한 지지자 집단을 규합했다. 두 차례의 부결 이후, 1985년 1월 1일에 캘리포니아 유명인 권리에 관한 법률(California Celebrity Rights Act)이 통과됐다. 그리하여 이제 적어도 캘리포니아에서는 상속인들이 이곳에서 사망한 유명 선친들의 퍼블리시티권을 합법적으로 물려받을 수 있게 됐다. 캘리포니아에서 이렇게 법적인 선례를 확립한 리치먼은 다시 만반의 준비를 했다. 그는 이제 아버지의 오랜 친구인 알베르트 아인슈타인을 구원해 줄 시점이 됐다고 판단했다.

아인슈타인은 살아생전에 자신의 이름이나 생김새를 프로모션용

수단으로 사용하려는 시도와 계속해서 싸웠다. 그는 심지어 미국의 브랜다이스대학교(Brandeis University)가 학교의 이름을 아인슈타인대학교(Einstein University)로 개명하겠다는 제안처럼, 겉으로 보기에 우호적인 기관들이 그렇게 하려는 것도 금지했다. 그러나 아인슈타인이 죽은 후에는 그가 원했던 게 무엇인지 누구도 신경 쓰지 않는 것처럼 보였다. 1980년대에는 아인슈타인의 이미지가 온갖 종류의 상품과 서비스에 부착되어 있었다. 프리스비에서부터 스노우볼에 이르기까지 그의 이미지가 사용됐고 어디에든 지적인 매력을 더해줬다. 그러나 죽은 아인슈타인은 이러한 현실에 저항할 수 없었다. 그리고 전 세계의 거의 모든 기업이 그를 이용해 수익을 창출할 의지와 능력이 있는 것처럼 보였다.

캘리포니아에서 유명인 권리에 관한 법률이 통과된 뒤, 리치먼은 아인슈타인의 모습이 담긴 광고들을 스크랩하기 시작했다. 그는 자동차 광고에서부터 미용실 광고에 이르기까지 스크랩한 모든 자료를 아인슈타인의 유산 집행인이었던 오토 나탄에게 보냈다. 동봉한 편지에서 그는 "이러한 유형의 괴롭힘을 방지하기 위해" 연락해야 하는 담당자가 누구인지를 물었다. 나탄은 이 스크랩 자료를 예루살렘의 히브리대학교 측에 전달했다. 아인슈타인의 이미지 사용에 대하여 어느 정도의 영향력을 행사할 수 있는 기회를 감지한 대학교 측은 1985년 7월 1일에 리치먼을 아인슈타인의 "전 세계 독점 대리인"으로 지명했다. 프린스턴 소재의 신문사인 유에스원(U.S. 1)은 훗날 그를 두고 "히브리대학교가 지명한 고르곤 같은 감시견"이라는 다른 별명을 붙여 줬다.

그들은 대학교 측에 유리한 조건으로 계약을 맺었다. 대학교 측은 모든 라이선스 계약으로부터 65퍼센트를 가져가며, 권리 침해자를 상대로 법적인 조치를 취해 거둔 수익금에 대해서는 50대

50으로 나누기로 했다. 일부에서는 리치면을 기회주의자로 여기기도 했으나, 그 스스로는 자신의 작업이 20세기를 대표하는 우상들의 유산을 보호하기 위한 도덕적인 캠페인이라고 생각했다. 리치면은 일련의 가이드라인을 작성했고, 대학교 측도 여기에 동의했다. 그에 따르면 아인슈타인은 담배, 술, 도박과는 관련이 없었을 것이다. 인용구나 공식에 대해서는 조작을 하지 않아야 했다. 광고주들은 아인슈타인의 이미지 위에 말풍선을 그리고 거기에 그들의 말이나 아이디어를 채워 넣어서 그것이 마치 아인슈타인의 생각인 것처럼 꾸밀 수 없었다. 리치면은 "이것이 기본사항이었다"라고 했다. 그는 아인슈타인과의 개인적인 연줄 때문에 "물리학자, 인도주의자, 철학자, 평화주의자의 품격에 어울리는" 제휴 관계만을 허용하겠다는 자신의 결의가 더욱 강해졌다고 이야기했다.

리치면은 아인슈타인을 불법적으로 사용한 사례를 찾느라 정신없이 바빴다. 그래서 대학교 측은 뉴욕에 있는 히브리대학교의 미국 친구들(American Friends of the Hebrew University)이라는 단체의 자원활동가인 에후드 베나미(Ehud Benamy)에게 쇄도하는 요청을 처리할 권한을 위임했다. 이 단체는 미국에서 발전 기금을 모으고 인지도를 높이기 위하여 설립된 히브리대학교의 연계 조직이었다. 리치면은 라이선스와 관련한 모든 제안서를 베나미에게 보냈고, 베나미는 상당수의 요청을 거부했다. 베나미는 아인슈타인이 혀를 내밀고 있는 장면을 찍은 아서의 유명한 사진이 "천박하다"고 보는 리치면의 견해에 동의했다. 그래서 두 사람은 그 사진을 사용하게 해달라는 여러 광고주의 요청을 거절하기로 결심했다. (몇 년 뒤, 히브리대학교는 아인슈타인이 "스스로 잘 알면서도 일부러 세상을 향해 보여준" 표정에 대해 전면적인 거부권을 행사해서는 안 된다는 점을 인정했다.) 그리고 두 사람은 이탈리아의 오븐 제조업체에 대한

라이선스를 불허했다. 이 업체와 제휴를 맺으면 홀로코스트에서
살아남은 유대인들의 심기를 거스를 수도 있다고 생각했기 때문이다.

컴퓨터 제조사는 특히 자신들의 제품을 아인슈타인과
연관시키고 싶어했다. 1989년에 소니(Sony)는 광고에서 아인슈타인의
이미지를 사용하는 대가로 마지못해 6만 3000달러를 지불했다.
1997년에 리치먼은 애플(Apple)이 자사의 맥(Mac) 컴퓨터 광고에
"다르게 사고하라(Think Different)"라는 문구와 함께 아인슈타인의
사진을 사용하고 싶어한다는 말을 들었다. 리치먼은 60만 달러를
적정 가격으로 책정하고 금액을 제시했다. 이후 애플의 공동창업자인
스티브 잡스는 그에게 할인해 달라는 전화를 했다. 리치먼은
자신의 회고록에서 이렇게 썼다. "알베르트 아인슈타인은 오직
한 명뿐이었다." 그는 잡스에게 만약 그 가격이 지나치게 높다고
생각한다면, 대신에 메이 웨스트(Mae West)에 대한 라이선스를 얻어
"그녀도 다르게 사고했다."를 쓰라고 했다. 잡스는 결국 높은 가격을
지불했다.

리치먼의 엄청난 노력에도 불구하고, 일부 "심각하게
모욕적인" 제품들이 시중에 출시되고 있었다. 리치먼은
유니버설시티스튜디오(유니버설픽처스)가 소유한 체인점에서
"E=mc²: 불상사는 일어난다(Shit Happens)"라는 문구가 적힌
러닝셔츠를 판매한다는 사실을 알게 되었는데, 그는 이 셔츠의
판매를 금지시키는 데 성공했으며, 여기에 더해서 유니버설 측이
피해보상액으로 2만 5000달러를 지불하게 만들었다. 이후 리치먼은
일렉트로닉아츠(EA)에서 1995년에 출시된 비디오게임 시리즈
〈커맨드 앤 컨커(Command & Conquer)〉를 보고 불쾌하게 여겼다.
플레이어들이 이 게임에서 "몇 번의 클릭만으로 아돌프 히틀러가
알베르트 아인슈타인을 죽이게 만들 수 있었"기 때문이다. 리치먼은

EA가 제품의 상자에 반유대주의적인 내용에 대한 경고를 담은 스티커를 부착하기를 원했다. EA는 역사적 인물들에 대한 가상의 이야기를 만드는 건 미국의 수정헌법 제1조(First Amendment)에 보장된 권리, 즉 표현의 자유이며, 이것이 사후의 퍼블리시티권보다 우선한다며 맞대응했다. 양측은 소송을 진행하지 않고 합의에 이르렀다.

리치먼은 자신이 법정과 언론에서 "마케팅 악마(marketing ghoul)"로 묘사되는 경우가 많다는 사실에 분개했다. 그는 "특히 내가 모든 이들의 삶에 슬며시 침투하는 (사악한) 뱀을 막아주는 법안을 작성했기 때문에" 그것이 상처가 되는 표현이라고 서술했다. 리치먼은 자신이 유대인 사업가로서 돈을 긁어모으는 기회주의자로 표현되는 것도 못마땅하게 생각했다. 그러나 리치먼이 히브리대학교와 그 자신을 위해 가장 유리한 조건을 얻어내려고 최선을 다했다는 점에는 논쟁의 여지가 없다. 베이비 아인슈타인 측에서 월트디즈니에 회사를 매각하려고 논의하고 있다는 사실을 리치먼이 알게 됐을 때는 이전에 합의했던 라이선스 비용의 인상을 요구했다. 대학교 측은 이 과정에서 266만 달러라는 라이선스 비용을 공개했다. 베이비 아인슈타인의 공동 설립자인 윌 클라크는 이렇게 비용을 공개한 이유가 "아인슈타인의 이름에 라이선스를 받는 것, 그리고 그만큼의 돈을 지불하는 것을 당연하게 만들기 위해서"라고 생각했다.

이러한 성공에 더욱 대담해진 리치먼은 이제 아인슈타인과 별다른 관련성이 없더라도 그의 이름을 사용하기만 하면 그 기업들을 겨냥하기 시작했다. 아인슈타인 브로스 베이글(Einstein Bros. Bagel)이라는 회사는 심지어 창업자들의 이름을 따서 회사명을 지은 것이었음에도 불구하고 대학교 측의 요구에 굴복하고 말았다. 히브리대학교의 한 학자가 보기에도 리치먼의 이러한 공격적인 입장은 골치 아픈 윤리적 딜레마를 보여 주고 있었다.

1954년 3월 14일, 자신의 75번째 생일을 축하하고 있는 알베르트 아인슈타인ⓒ사진: AFT

잘 팔리는 천재

이스라엘 히브리대학교 아인슈타인 아카이브(Einstein Archives)의
큐레이터였던 제에프 로젠크란츠(Ze'ev Rosenkranz)는 1990년대
내내 캘리포니아의 베벌리 힐스에 있는 리치먼의 사무실로부터 매달
약 30통 정도의 팩스를 받았다. 각각의 팩스에는 항생제에서 컴퓨터,
카메라에서 소프트드링크에 이르기까지 온갖 분야의 회사에서
아인슈타인의 이름이나 생김새를 사용하고 싶다는 내용의 제안서가
포함되어 있었다. 각각의 제안에 축복을 내릴 것인지 아니면 거부할
것인지의 여부는 젊은 학자였던 로젠크란츠에게 달려 있었다. 그는
이곳에서 아인슈타인의 논문을 보존하는 업무를 해왔기 때문에, 이
과학자의 사고방식과 가치관에 매우 친숙해져 있었다. 로젠크란츠는
최근에 그 업무가 "지나칠 정도로 부담스러웠다"고 말했다. "저는
역사학자이지 비즈니스맨이 아닙니다. 그렇지만 어쨌든 학교 측은 이
일이 저의 역할이라고 판단했습니다."
　　이 업무는 에후드 베나미가 1990년 말에 사망하면서

로젠크란츠에게 떨어진 것이었다. 그는 학자로서의 사명감을 가지고 각각의 요청서들을 신중하게 검토하면서, 만약 아인슈타인이라면 무엇을 원했을지에 대한 자신의 추정과 명백하게 피해를 주는 것이 아니라면 제휴 관계를 승인하라는 리치먼의 압력 사이에서 균형을 맞추려 노력했다. 그는 당시를 이렇게 회상했다. "그건 기본적으로 취향의 문제였습니다. 때로는 검토 중인 제품, 혹은 그것의 디자인이나 거기에 첨부된 텍스트가 충분히 '고결하다'는 생각이 들지 않았습니다."

제안을 거절하면 분노에 직면하는 경우도 많았다. "기업들은 '이건 도무지 말도 안 된다'고 말했습니다. '이 사람들은 죽었고, 그들에게는 권리가 없다'고 말입니다." 아인슈타인을 주제로 만든 자사의 제품이 실제의 아인슈타인과 아무런 연관성이 없다고 주장하는 이들도 있었다. 이와 관련해 로젠크란츠는 이렇게 말했다. "당시에 이스라엘에서 유행했던 '아인슈타인'이라는 워드프로세서가 있었습니다. 그 제조사는 심지어 제품의 마케팅에서 '천재'라는 단어도 사용하고 있었습니다." 그러나 해당 제조업체는 아인슈타인이라는 소프트웨어가 물리학자인 알베르트 아인슈타인이 아니라 회사의 창업자인 스튜어트 아인슈타인(Stuart Einstein)의 이름을 따서 지은 것이라고 주장했다. 로젠크란츠에 따르면, 이러한 주장이 성공해서 이 회사는 아무런 비용도 지불하지 않았다고 한다.

리치먼이 그들의 수익을 위해 전투를 치르고 있는 동안에도 대학교 측은 그들이 특별히 주목받지 않는 것을 다행으로 여기는 것 같았다. 로젠크란츠는 이렇게 말했다. "저는 이때 사람들이 이 학교의 역할을 인식하고 있었다고 생각하지 않습니다. 그러나 리치먼은 협상 과정에서 독종이라는 평판을 얻었습니다. 대학교 측에는 그것이 이득이었습니다."

로젠크란츠는 자신의 역할이 편치 않았다. 그는 만약에 아인슈타인이었다면 전부는 아니라 하더라도 대부분의 마케팅 제휴에 대해 반대했을 것이라고 생각했다. "만약 그것이 순전히 상업적인 것이라면, 그는 대체로 반대했습니다." 그러나 리치먼은 훨씬 더 많은 제안을 승인하라고 압박을 가했다. 로젠크란츠는 자신이 하기스(Huggies) 기저귀의 제안을 거절했을 때 리치먼이 특히나 불만스러워했다고 회상했다. 로젠크란츠는 당시를 이렇게 떠올렸다. "그에게 있어서 수익을 내는 것만이 전부는 아니었습니다. 하지만 결국 그건 비즈니스였습니다. 그리고 저는 학계에 소속된 사람입니다. 쉽지 않은 사안이었습니다."

리치먼은 자신의 대행사와 그곳이 보유한 "죽은 레전드들"의 목록을 2005년에 사진 에이전시인 코비스(Corbis)에게 매각했다. 그 전에 그는 히브리대학교 측이 아인슈타인과 연관된 상품들에 최대한 많은 상표권을 신청하도록 설득했다. 이렇게 하면 기존의 상표권법을 이용해 법적인 영역 전반에 걸쳐 그들의 권리를 지키는 것이 더욱 쉬워질 것이라고 여겼기 때문이다. 대학교 측은 곧바로 거의 200개에 달하는 별도의 상품들에 대하여 '알베르트 아인슈타인'이라는 상표권을 확보했다. 여기에 포함된 항목들로는 금속 탐지기, 우산, 아케이드 게임, 크리스마스 트리 장식, 잠자리채, 물을 뿜는 장난감, 카드보드 등신대까지 다양했다.

로젠크란츠는 2003년에 이 대학교에서의 직위를 사임하고 캘리포니아 남부로 이사 가기 전까지 라이선스 제안을 검토하는 업무를 계속했다. 그에게는 트레이드마크 표시의 도입이 굉장히 불쾌했다. 그는 이렇게 말했다. "그분의 이름 위쪽에서 작은 크기의 'TM' 표시를 처음 봤을 때, 정말이지 너무 신경이 쓰였습니다. 상업화나 상품화에 대하여 그것보다 더욱 명백한 표시는 없지 않나요?

하지만 변호사들은 이 모든 것이 권리를 확실히 보호하기 위해서 정말로 중요하다고 말했습니다." 전 세계에 통용되는 상표권을 갖게 됨으로써, 히브리대학교는 이제 사후 퍼블리시티권이 존재하지 않는 나라에서도 권리 침해의 소지가 있는 사례에 대해 소송을 제기할 수 있게 되었다.

이러한 처리방식에 불편함을 느꼈던 것은 로젠크란츠뿐만이 아니었다. 2011년 초, 아인슈타인의 입양 손녀인 70세의 에블린(Evelyn)은 히브리대학교를 고소할 계획이라고 발표했다. 그녀는 이 대학교가 그들의 역할에 있어서 지나치게 도를 넘는다고 생각했다. 처음에는 큐레이션 활동으로 시작했던 것이 그녀의 관점에서 일종의 착취로 발전해 있었다. 에블린은 뉴욕포스트(New York Post)의 기자에게 이렇게 말했다. "저는 괜찮다고 승인을 받아야 하는 일부 자료들 때문에 정말로 불쾌합니다." 에블린의 친구인 앨런 윌킨슨(Allen Wilkinson) 변호사는 이렇게 말했다. "그녀는 히브리대학교 측이 저작권과는 전혀 관계가 없는 아인슈타인 버블헤드(bobblehead, 고개가 까딱거리며 흔들리는 인형)를 비롯한 여러 종류의 기념품들로부터 수익을 취하고 있다는 사실을 납득하지 못했습니다." 에블린은 히브리대학교 측에 자신이 판매 수익의 일부를 취할 수 있게 해 달라며 합의를 요청했지만 그 요청이 무시당했다고 했다. 그녀는 이 돈으로 자신의 의료비를 충당할 생각이었다.

에블린은 법정에서 본격적으로 소송이 진행되기 전에 사망했다. 그러나 그녀가 사망한 직후인 2011년 4월에 캘리포니아에서 어떤 사건에 대한 소식이 들려왔다. 어쩌면 알베르트 아인슈타인의 소유권에 대한 문제를 영원히 해결할 수도 있는 사건이었다.

©사진: VCG

Einstein.biz

2009년 11월, 제너럴모터스(GM)는 피플(People) 매거진에 근육질의
몸통에 아인슈타인의 얼굴을 덧붙인 이미지의 광고를 게재하면서 이런
문구를 함께 실었다. "아이디어도 섹시하다." 그러자 히브리대학교는
이렇게 반발했다. "팬티를 입은 아인슈타인 박사의 모습은 … (우리
대학교가) 세심하게 보호해 온 이 유명 과학자의 이미지와 생김새에
대한 권리에 손상을 입히고 있다."

2012년 3월 16일, 히브리대학교는 GM을 상대로 소송을
제기했다. 그들의 의도는 "만약 알베르트 아인슈타인이 사망할
당시에 그러한 퍼블리시티권이 존재한다는 사실을 인지하고
있었다면, 그는 뉴저지의 법령에 의해 자신의 사후 퍼블리시티권을
양도했을 것"이라는 사실을 명확하게 입증하려는 것이었다. GM은
이러한 논리를 거부하면서, 설령 히브리대학교가 퍼블리시티권과
관련한 아인슈타인의 의중은 물론이고 그 권리를 GM이 위반했다는
사실까지도 전부 입증할 수 있다고 하더라도, 아인슈타인이 사망했던
1955년 이후로 충분한 시간이 지났기 때문에 그러한 논점이
무효화된다고 주장했다.

이 소송은 복잡하게 얽혀 있었다. 이 사건의 심리는 캘리포니아 소재의 연방 법원에서 진행될 예정이었지만, 주심 판사인 하워드 매츠(Howard Matz)는 이 사건에 아인슈타인이 사망했을 당시의 관할 지역이었던 뉴저지주의 법률을 적용하기로 결정했다. 캘리포니아의 법령에서는 개인의 퍼블리시티권을 사후 70년 동안 보호하고 있지만, 뉴저지는 그러한 권리에 대한 구체적인 기간을 명시하지 않고 있다. 매츠 판사는 일곱 달이 지나서야 평결을 낼 수 있었다. 그는 판결문에 이렇게 적었다. "아인슈타인의 페르소나는 우리의 문화유산 속에 아주 깊이 뿌리내려 있다. 그가 사망하고 거의 60년이 지난 현재, 그의 페르소나는 그것을 활용하고자 하는 사람들이 자유롭게 이용할 수 있어야 하며, 그것은 무의미한 광고에서도 마찬가지이다."

타임스 오브 이스라엘(The Times of Israel)은 "히브리대학교가 아인슈타인의 이미지에 대한 소송에서 패소하다"라는 제목의 기사를 실었다. 그러나 얼핏 확정적인 것처럼 보이는 이 판결은 명확한 결정과는 거리가 멀었다. 조지워싱턴대학교 로스쿨의 셰크터 교수는 이렇게 말했다. "극히 불만족스러운 해결안으로 종결된 기이한 사건입니다. 캘리포니아의 판사가 엄밀한 해석이 존재하지도 않는 뉴저지의 법령을 추정했습니다. 지금은 어떤 법원에서도 이 판결에 의미를 부여하지 않을 것입니다." 히브리대학교는 판결에 항소했고, 이 사건은 추가적인 절차를 위해 하급 법원으로 되돌아갔다. 그러다 갑자기 양측이 합의했다. 이와 관련하여 셰크터 교수는 이렇게 말했다. "만약 누군가가 사후 퍼블리시티권의 존재 여부 및 기간에 대한 뉴저지주의 법령이 무엇인지를 제게 묻는다면 어떨까요? 글쎄요, 우리에게는 명확한 의견이 부재한 사안에 대하여 뉴저지 외부의 판사가 내린 나름의 추측이 있을 뿐입니다. 그 외에는 별다른 것이 없습니다."

그 이후로 몇 년 동안 계속해서 미국 의회가 개입하여 나라 전체에 적용되는 단일한 법규를 마련해야 한다는 요구가 제기됐다. 셰크터는 "의회에서 법규가 만들어지기 전까지는 변동성이 매우 크다"고 말한다. 마찬가지로 미국 이외의 나라들에서도 관련 법령은 제각각이다. 브라질에서는 사후의 권리가 상속인들이 살아 있는 동안 계속해서 유지된다. 독일에서는 그 기간이 70년이다. 반면에 잉글랜드와 웨일스에서는 퍼블리시티권에 대한 명확한 규정이 전혀 없다. 그래서 개인의 이미지와 인격을 보호하려는 법조인들은 어느 기업의 표현처럼 "법적 권리의 누더기 상태"에 의지해야만 한다.

2013년에 리치먼이 사망한 후, 그가 아인슈타인의 퍼블리시티권을 매각했던 코비스라는 사진 에이전시는 그린라이트 라이츠(GreenLight Rights)로 사명을 바꾸었다. 이곳은 현재 아인슈타인만이 아니라 엘비스 프레슬리, 찰리 채플린, 마릴린 먼로의 권리도 관리하고 있다. 그 이후로도 아인슈타인의 이미지를 관리하는 비즈니스는 더욱 복잡해졌다. 그린라이트는 특별한 소프트웨어를 사용하는 업체들과 협업하여 온라인상의 불법 상품과 권리 침해 사례를 식별해 내고 있다.

이제 라이선스 요청은 더 이상 이스라엘의 외로운 학자에게 전달되지 않는다. 모든 요청은 예루살렘히브리대학교에서 승인과 거부 권한을 가진 전문가 위원회로 보내진다. (이 위원회는 상업적 제휴 요청을 심의한다. 그리고 본지 가디언과 같은 언론 매체들이 이번 기사에서처럼 아인슈타인의 사진을 이용하려면, 히브리대학교가 협약을 맺은 게티(Getty)와 같은 사진 플랫폼을 활용하면 된다.) 각각의 신청서는 그 자체의 장점에 대한 고려가 이뤄진다. 그러나 예루살렘히브리대학교의 부총장 겸 CEO인 이샤이 프렌켈(Yishai Fraenkel)이 그린라이트의 대리인을 통해 내게 이메일로 답변한 바에 의하면, 어떤 회사가 말풍선을 통해 아인슈타인이 발언하는 것처럼 만드는 것은 리치먼이 작성한 가이드라인 원안에 따라서 항상 거절된다고 한다. 히브리대학교 측은 "개인의 이름을 제시하는 것이 적절하거나 합법적으로 보이지 않는다"고 하며, 심의를 위한 전문가 위원회가 얼마나 자주 소집되는지, 또는 해당 위원회의 구성원은 누구인지에 대한 진술을 거부했다.

아인슈타인이 사망한 지 60년이 흘렀음에도 그의 수입은 전혀 줄어들 기미를 보이지 않는다. 아인슈타인에 대한 수요가 여전히 높다는 사실은 그의 범접할 수 없는 탁월함과 잊을 수 없는 외모, 그리고 그에게 체화된 가치들이 모두 변수로 작용하는 일종의 함수 관계이다. 다양한 집단에서 아인슈타인은 언제나 쉽게 그들의 일원으로 받아들여졌다. 아인슈타인은 키가 작았고, 난독증이 있는 건강염려증 환자였으며, 박해받는 소수 민족 출신이었다. 그의 모순적으로 보이는 위치 때문에, 심지어 그와 반대되는 집단에서도 그를 자신들의 상징적 수장으로 여기는 것이 가능했다. 예를 들자면, 그는 (유대인이면서도) 유대 국가의 건설에 반대하며 팔레스타인의 아랍인들이 피해를 겪는 현실에 크게 슬퍼했지만, 그러면서도 시오니즘(Zionism, 유대인들의 국가를 건설해야 한다는 사상)의 대의를 위해 기금을 모금했다. 또한 그는 신이 계시를 내린다는 생각을 거부했지만, 한편으로는 신의 존재를 믿었다.

만약에 아인슈타인이 21세기의 텔레비전 화면과 광고판, 포스터, 티셔츠 등에서 자신의 모습을 봤다면 어떻게 생각했을까? 그는 과연 히브리대학교가 자신의 유산을 관리하는 것에 만족했을까? 살아 있을 때의 그는 (세상이) 보이지만 들리지는 않는다고 느끼곤 했다. 언젠가 그는 "(내가) 이렇게나 널리 알려졌지만 이토록 외롭다는 것이 이상하다"고 말했다. 이와 관련하여 나는 아인슈타인 브랜드의 연필이나 아인슈타인 브랜드의 크리스마스 트리 장식에 대해서 과연 본인은 어떻게 생각했을까를 헤아리면서 12년이라는 시간을 보낸 로젠크란츠와 이야기를 나눴다. 그는 몇 가지의 시나리오를 제시했다. "아인슈타인은 히브리대학교가 자신의 생김새를 이용해 재정적인 수익을 거두는 것에 기뻐했을 수도 있습니다. 그의 일부에 있는 마초적이며 허세스러운 측면 때문에 그냥 어깨를 으쓱하는 것으로 반응했을지도 모릅니다." 그러나 결국 로젠크란츠는 이렇게 결론 내렸다. "어쩌면 그를 신경 쓰이게 했을 수도 있습니다. 글쎄요, 과연 그가 기뻐했을 것인지에 대해서 제가 뭐라고 확신할 순 없습니다."

죽은 사람의 바람이 뭐였든 간에, 알베르트 아인슈타인이 누구의 소유인가, 그리고 그 기간은 얼마나 오랫동안인가에 대한 질문은 해결되지 않은 채 남아 있다. 2020년 말, 셰크터는 워싱턴에 사는 동료 한 명이 뉴저지의 입법 기관에서 일하고 있다는 소식을 들었다. 그의 업무는 뉴저지에서 사망한 사람들의 사후 퍼블리시티권 기간을 구체적으로 규정하는 퍼블리시티권 관련 법령의 초안을 작성하고 제정하는 것이었다. 셰크터는 뉴저지의 주의회에 출석하여 증언하기로 했다. 하지만 세 달 뒤에 코로나19 팬데믹이 덮쳤고, 법안 제정은 연기됐다. 리치먼은 언제나 사후 퍼블리시티권의 기간을 저작권법에서 정하고 있는 사후 70년과 맞춰야 한다고 생각했다. 만약 뉴저지가 법안 제정을 재개하고 저작권법처럼 비교적 관대한 사후 권리를 채택한다면, 셰크터는 이렇게 될 것이라고 말한다. "2025년에 아인슈타인의 사후 70년이 되어 라이선스가 만료된다면, 그로 인한 분쟁이 이어지는 것은 앞으로 2년 정도일 겁니다."

그때까지는 아인슈타인 사업이 계속해서 돈을 벌어들일 것이고, 히브리대학교의 평판은 점점 더 강력한 억제 효과를 맞이하게 될 것이다. 런던에서 가장 유명한 박물관 가운데 한 곳에서 큐레이터로 일했던 사람의 말에 의하면, 그는 한 동료의 조언을 받고 홍보 자료에 있던 아인슈타인의 이미지를 모두 삭제했다고 한다. 본 기사가 발행되기 전에 히브리대학교의 여성 대변인은 이렇게 경고했다. "해당 기사가 우리의 상업적 제휴 관계, 명성, 또는 알베르트 아인슈타인 박사의 명성을 훼손한다면, 본 대학교는 권리를 지킬 준비를 할 것입니다." 얼마 전, 그린라이트 라이츠는 이 절차를 간소화하고 관련된 우려를 누그러트리기 위해 라이선스 획득을 고려하는 이들이 아인슈타인의 이름, 생김새, 발언 등의 사용을 신청할 수 있는 웹사이트를 개설했다. 신청서는 1차적인 검토 후에 히브리대학교의 정체 모를 위원회에 전달되어 최종적인 결정이 이루어진다. 이 사이트의 이름은 상당히 직설적이다. Einstein.biz로, 비즈니스 도메인을 달고 있다. ❾

시끌북적 사무실

(1)신아람 디렉터 : 고소공포증이 있지만 잘 날아다녀요!

(2)조영난 오퍼레이팅 매니저 : 추운 겨울 따뜻하게 보내시길 바란다냥!

(3)강경민 커뮤니티 매니저 : 처음 뵙겠습니다. 석탄을 나르는 까망이처럼 열심히 하겠습니다.

(4)김혜림 에디터 : 내년 초에는 날짜를 적을 때 2022라고 쓰지 않도록 조심해야겠어요!

(5)권순문 디자이너 : 오시면 저랑 웰컴 드링크 한 잔 해요~

(6)김지연 리드 디자이너 : 숍 방문&인스타 인증한 선착순 500분께 스레드를 드려요.

(7)이다혜 에디터 : 따뜻한 조명과 재밌는 책들이 가득한 회현숍으로 초대합니다!

(8)이연대 CEO : http://bkjn.shop

(9)정원진 에디터 : 첫 만남은 늘 설레는군요. 두근두근!

(10)홍성주 커뮤니티 매니저 : 따뜻한 빛으로 가득한 저희 공간에 놀러오세요~

(11)이주연 인턴 : 실내에서 예쁜 조명을 켜고 눈이 오는 걸 구경하고 싶어요~

(12)이현구 선임 에디터 : 가게에서 만나요 여러분!